재난 이후, 사회

재난 이후, 사회

사회

**참사 다음의
삶과 권리를 위하여**

서교인문사회연구실 기획
김현준 백선우 전주희 정정훈 조지훈 지음

목차

3장

사회적 문화투쟁의 장으로서 재난 참사의 외상

: 재난 참사와 외상의 문화정치학 _김현준

4장

10.29 이태원 참사에서 법적 책임의 정치적 확장

: 세 편의 탄핵 의견서를 중심으로 _조지훈

재난 이후, 쏠의 십대 그리고 경진의 이십대

책으로 엮은 6개의 글은 모두 재난 '이후' 한국사회를 마주하기 위한 고민의 흔적들로 이루어져 있다. 이 책을 쓰고 기획한 서교인문사회연구실(이하 서교연)은 재난 전문 연구소가 아닐뿐더러, 각각의 필자들은 재난과 무관한 전공과 관심 분야를 갖고 있다. 그런데도 인문사회학 연구자들이 재난에 대한, 정확하게는 재난 이후 한국사회에 대한 글을 쓰고 엮게 된 계기는 무엇일까?

직접적인 계기는 매년 열리는 서교연 컨퍼런스에 2023년과 2024년 연달아 재난 세션이 꾸려지고 연구실 회원들이 발표문을 제출했다는 점이다. 글을 생산했으니, 묶어서 더 많은 사람들에게 나눠야겠다고. 두 번의 재난 세션 사이에 4.16재단의 지원을 받아 8차례의 '생명 · 안전 포럼'도 진행했다. 이때 외부 재난 연구자들의 발표뿐 아니라, 연구실 회원들이 각 분야에서 연구한 이론들을 '재난'에 접목하는 과정으로 삼았던 것도 책을 엮자고 결심한 중요한 계기였다.

그렇다. 어찌 보면 이 책은 마포구 서교동 한 귀퉁이에서 프랑스 현대 정치철학을 줄줄이 꿰며, 마르크스주의의 전통을 중시하는 걸 자랑삼았던 우리의 지식이 과연 한국사회의 재난에 어떤 답을 줄 수 있는지 대질한 첫 번째 보고서다. 이론과 현실을 대질시킬 기회는 우리에게 늘 있었고 그 과정에 목말라 있었으나, 공부가 아직 끝나지 않았다며, 현실을 모른다며 뒷걸음질 쳤고, '다음의 기회'로 유보했다. 그리고 그토록 소중하게 간직해온 이론이 연구실 책꽂이에서 잠자는 동안 세월호가 갔고, 이태원이 왔다.

무엇보다 재난 이후 한국사회를 말해야겠다고 마음먹은 계기는 서교연 회원인 경진 때문이었다. 2017년 연구실 첫 세미나에 참여한 이십대 초반의 경진은 대학 입학에 실패하고 아르바이트하며 생활하고 있었다. 다른 이십대 여성 친구들처럼 '알바 사회'로 경험하는 우리 사회의 온갖 무시와 모욕에 분개하며 페미니즘 공부를 하고 싶다고 했다. "너무 억울하고 분한 상황들이 정신없이 쏟아지는데, 내가 제대로 말하지 못해서 더 분했거든요."

이내 2017년의 경진이 경험하고 있는 한국사회는 사십대인 내가 살아가는 한국사회와 아주 다른 얼굴이라는 것을 알게 되었다. 그중 하나가 경진이 십대에 경험한 '세월호 참사'였다.

2023년, 서교연 컨퍼런스를 준비하는 와중에 이태원 참사가 발생했다. 별도의 재난 세션을 꾸려 몇몇 회원들과 재난에 대한 글을 쓰기로 했다. 그런데 문득 십대에 세월호를 경험한 경진이 떠올랐다. 경진은 연구실 세미나와 강좌에 꾸준히 참여하고 있었지만, 글쓰기 경험은 적었다. 이태원 참사가 발생하고, 모인 자리에서 참사 이야기를 할라치면 경진은 분개했다. 당시 경진은 이태원 참사에 대해 정리된 말로 자신의 감정을 표현해내지 못했다. 씹던 껌을 길바닥에 뱉어내듯이 성의 없는 몇 마디를 툭툭 내던지는 게 다였다. 그런 경진에게 이태원 참사에 관해 이야기해 보길 제안했다. 컨퍼런스의 재난 세션에 경진을 포함하고, 그 과정에서 경진이 경험한 세월호 이야기를 들었다.

수능을 망치고 입시에 실패한 경진은 한동안 여행대안학교에 다녔다. 거기서 불린 이름은 "쏠"이다. 여행대안학교에서 쏠은 도보여행과 마을살이 차 제주에 가기로 했다. 2014년 4월 14일, 공항은 수학여행 시즌의 "들뜬 고딩들"로 가득했다. 주변을 아랑곳하지 않고 목청껏 떠들고 웃는 아이들이 쏠은 너무 시끄럽고 미웠다고 했다.

"아, 애새끼들 진짜 많다. 너무 시끄럽다. 걍 다 사라졌으면 좋겠어."

하던 말을 멈추고 갑자기 경진이 울음을 터트렸다. 사.라.졌.으.면.좋.겠.어.가 일그러지고 출렁였다.

컨퍼런스 발표를 위한 사전 검토 자리에서 경진이 써온 원고는 엉망이었다. 세미나에서 공부한 각종 이론이 소화되지 않은 채 엉킨 문장들을 들고 왔는데, 이대로는 발표문 완성이 어려워 보였다. 일단 세월호부터 이태원까지, 십대의 쏠과 이십대의 경진이 바라본 새난이 무엇이었는지 솔직하게 들여다보기로 했다. 그래서 나온 4월 14일의 공항 이야기, 쏠의 저주는 이틀 뒤 현실이 되었다.

"도보여행을 본격적으로 시작한 지 이틀째인 16일, 밥 먹으러 들어간 식당에서 세월호 사건을 처음 봤습니다. 처음엔 전원 구조라고 했는데, 점점 내용이 달라졌습니다. 모든 식당이 세월호 뉴스를 틀어놓았고 16일 저녁을 먹은 식당, 17일 아침을 먹은 식당, 점심을 먹은 식당에서 본 뉴스 모두 바다 한가운데에 배가 떠 있는 똑같은 영상만 나왔습니다. "밥 먹을 때마다 상황이 점점 이상해져." 한 친구가 중얼거렸고, 또 한 친구는 "저 사람들 다 구할 수 있을까?"라고 물었습니다. "48시간 지나면 가망이 없다더라"고 대답한 기억이 납니다. 그때는 사태가 일마니 심각한지 잘 파악이 안 됐습니다. 17일 일기를 보니 "비바람이 불어 재미있기도 했지만, 너무 야속했다. 사람들을 빨리 찾아야 하는데"라고 쓰여 있었습니다.
그럼에도 우리는 계속 걸었습니다. 길을 걷다 만난 제주 할머니들이 "너네는 뭐 타고 왔어?"라고 물어오셨습니다. "비행기요!" 하니, "잘했다"라고 대답해 주셨습니다. 한동안 "혹시 이 바다에 사람이 떠내려오지 않을까"하고 바다를 보며 걸었습니다."

쏠의 세월호 회고담은 담담하게 이어졌다. 쏠이 보낸 십대의 마지막은 세월호와 함께 성장한 시간이었던 것 같다. 대안학교 선생님들은 쏠과 친구들이 세월호 이야기를 충분히 할 수 있도록, '여행'을 매개로 세월호를 기억할 많은 장소들을 찾아다녔다고 했다. 세월호를 많이 보고, 느끼고, 말하는 과정에서 세월호는 내쳐지지 않고 삶의 중요한 일부가 되었다.

쏠은 이십대에 최저임금보다 조금 더 쳐주는 일자리를 얻어 불안정한 임금노동자 '배경진'이 되었다. 알바를 벗어나기는 했지만, 사대보험에 따라붙는 수수료처럼 온갖 부당한 대우를 감수해야 했다. 갑질인지 자신의 성장통인지 불분명한 경험이 쌓이면서 경진은 세월호를 떠올리며 울음을 터뜨리는 대신, 회사 생활의 어려움을 털어놓으며 종종 울먹였다. 그러다 이태원 참사가 발생했다. 대안학교의 선생님과 친구들, 재난을 마주하기 위한 프로그램이 부재한 상태에서 이십대 비정규직이 된 경진은 직장이 있는 강남의 사무실을 오가며 홀로 이태원 참사 소식을 들었을 뿐이다.

"이태원 참사고 뭐고, 더 이상 신경 쓰고 싶지 않아요. 정말 지겨워요"

윤석열 정부의 '국가 애도 기간'이 끝나고, 재난과 관련한 글을 써보자고 제안했을 때, 경진이 한 말이었다. 순간 나는 먹던 치킨 조각을 내려놓았다. 세월호에 이은 두 번째 참사, 대안학교라는 안전한 공간에서 충분한 애도의 경험을 가질 수 있었던 십대의 쏠과 고립되고 고단한 비정규직의 경진은 다른 재난을 경험하고 있었다. "참사 때마다 연기되거나 취소되지 않은 것은 수능뿐이었다"고 말하는 경진에게 이태원 참사는 지겹고 답답한 것이었다.

> "세월호부터 이태원 참사까지, 참사 때마다 연기되거나 취소되지 않은 것은 수능뿐이었다. … 한국사회의 애도는 해야만 하는 것들에 대한 의무는 없애지 않고, 엄숙할 것, "슬플 것"만을 강조한다. 핼러윈은 많은 사람들, 특히 젊은 사람들에게 일 년에 한 번 있는 특별한 명절로 자리 잡은 지 오래다. 굳이 보고 싶지 않은 가족들 얼굴 안 봐도 되고, 먹지도 않을 음식 잔뜩 하느라 힘들고 스트레스받지 않아도 되고, **오로지 즐겁기만 하면 되는 유일무이한 날이었다. 이런 날이 사라졌다.** 이태원 참사를 생각하면 마음이 너무 아프다가도 "앞으로 핼러윈 축제 갈 수 있을까? 가도 될까?" 싶은 생각이 들었다. 이런 고민을 하는 내가 너무 비윤리적인 인간처럼 느껴졌다. 참사를 앞에 두고 놀지 못할 것을 걱정하는 나는 정말 슬픔을 모르는 인간인 걸까?"
> – 배경진, 「'금지'를 통한 애도의 불가능성」 중에서, 2023년 서교연 컨퍼런스, 강조는 인용자.

이 책이 쏠–경진의 물음에 응답하는 글이라고 오해해서는 안 된다. 엮은 글들은 어떤 해답을 내린 글이 아닐뿐더러, 이른바 '세월호 세대'라고 불리는 쏠–경진들의 재난 경험을 특별한 것으로 만들고 싶지 않기 때문이다. 다만, 내 젊은 시절에 경험한 성수대교 붕괴, 삼풍백화점 참사, 대구 지하철 참사 때 나는 쏠–경진처럼 왜 충분한 시간을 들여 애도할 수 없었을까, 왜 화조차 내지 않은 채 그냥 흘려보냈을까 하는 질문이 생겼을 뿐이다. 그렇다면 이제 우리는 그 질문과 함께 재난 '이후'의 공통의 삶을 새롭게 시작할 수 있지 않을까?

재난 '이후'의 삶이 어떻게 흘러가야 할지, 그 작은 오솔길은 경진이 안내해 주고 있다.

> "애도는 오히려 다양한 감정과 기억, 이야기가 혼합되어 쌓이는 과정이다. 참사에 대한 이야기가 쌓이기도 전에 슬픔을 느끼고 애도하는 것은 불가능하다. … 정말 아무런 감정이 느껴지지 않아도 괜찮다. 함께 참사에 대한 이야기를 천천히 계속 쌓아갈 수 있으면 한다. 참사 이야기는 너무 슬프지만은 않게 계속되어야 한다. 버틀러의 말을 인용하자면 애도는 "상실로 인해 우리가 어쩌면 영원히 변하게 된다는 점을 받아들일 때 이루어진다." 우리가 참사로 인해 영원히 변하게 된다는 것을 받아들이려면 슬픔과 비통함만으로 어우러진 일주일이 아닌, 참사

를 충분히 곱씹어보고 이야기하며 다양한 감정과 마주할 수 있는 시간이 필요하다. 앞으로의 핼러윈은 이전과 절대 같을 수 없지만, 그래도 여전히 즐거울 수 있는 날이길 바란다."

– 배경진, 「'금지'를 통한 애도의 불가능성」 중에서, 2023년 서교연 컨퍼런스

슬픔이 먼저가 아니다. 심지어 슬퍼하지 않아도 "괜찮다." 애도는 이야기가 "혼합"되는 것으로부터 시작된다.

수학여행을 없애고, 모이는 것을 금지했던 국가와 달리, 십대의 쏠은 친구들과 세월호 참사를 이야기하고, 참사의 흔적을 찾아다니는 여행을 지속하며 세월호를 어떻게 애도해야 하는지를 알게 되었다. 그렇지 않고서는 "참사에 대해 정말 아무런 감정이 느껴지지 않아도 **괜찮다**"는 말을 할 수 없었을 것이다.

그리고 그러한 경험을 지나온 이십대의 경진에게 4월 14일 공항 이야기는 비로소 "슬픔"의 감정을 터트릴 수 있는 사건이 되었다. 하지만 동시에 함께 이야기를 "혼합"할 계기가 부재했던 이태원 참사로부터 최대한 멀리 달아나고도 싶었을 것이다.

이 책은 세월호와 이태원 참사를 계기로 쓰였다. 그리고 이태원 참사 2주기를 계기로 더 많은 이야기를 "혼합"하기 위해 우리의 재료들을 꺼내놓는다. 지금이 재난 '이후'의 한

국사회인가? 우리는 재난 '이후'의 삶을 살아갈 준비가 되어 있는가? 쏠의 세월호와 경진의 이태원이 다르듯, 우리가 다시 재난 이전으로 뒷걸음질 치고 있지 않은지 되묻지 않을 수 없는 시간이다.

재난 이전으로 돌아가지 않기 위해서는 세월호 참사 이후 본격화한 재난 사회운동이 반신자유주의 운동과 더욱 긴밀하게 연결되어야 한다는 것이 필자들의 공통된 문제의식이다. 애도, 기억, 참사, 인정, 취약성, 유가족, 재난, 안전 등 재난 사회운동이 새롭게 사회화한 많은 개념은 반신자유주의의 정세적 지형 위에서 배치되고 결합하면서 그 구체성을 획득할 것이다. 그래야 삶의 차원에서 재난 사회운동이 자리 잡을 수 있다.

어느 토론회에서 세월호 유가족은 다른 사회운동과 유가족 운동의 차이를 이렇게 설명했다. "우리가 하는 운동은 여러분의 사회운동과 다릅니다. 여러분은 잘 살기 위한 운동을 하는 것이지만, 우리는 잘 죽기 위한 운동을 하는 것입니다." 유가족 운동에 대한 나름의 정의는 그로부터 몇 년 뒤, 또 다른 토론 자리에서 다른 유가족에 의해 기각되었다. "우리는, 나는 잘 살기 위해 유가족 운동을 하고 있는 거예요."

오랫동안 잊히지 않는 말은 자연스러운 화두가 된다. 재난·참사는 살아있는 우리에게 무엇일까? 삶에서 죽음을 분리하려는 순간, 죽음은 온전히 애도될 수 없을 뿐만 아니라, 삶 역시 제대로 된 대접을 받지 못한다. 신자유주의는 삶을 비루하게 만드는 만큼, 죽음 역시 쓸모없는 깃으로 만든다.

그래서 이 책을 세상에 내놓는다. 우리가 잘 살기 위해. 비록 비정규직 연구자로, 최저시급도 못 받는 활동가로, 프리랜서로, 실업과 취업을 반복하는 불안정노동자로 살아가더라도 말이다.

이 책을 선뜻 맡아 준 나름북스 최인희 편집자에게 감사의 인사를 전한다. 생명·안전포럼을 지원해 준 4.16재단에도 감사하다. 서교연 컨퍼런스를 통해 우리의 글을 읽고 토론해 준 토론자와 참여자분들에게도 깊은 감사의 인사를 전한다.

2025년 폭염이 가시지 않는 9월

필자를 대표해 전주희 씀.

1장

재난과 통치

: (신)자유주의적 위험 관리인가
상호의존성에 기초한 체제 전환인가

정정훈

1. 리스본 대지진과 근대적 통치

1775년 만성절萬聖節, 모든 성인을 기념하는 날 포르투갈 리스본에서 발생한 대지진은 인류가 재난의 문제를 발본적으로 사유하는 계기가 되었다. 대지진은 만성절 기념 미사에 참석한 수많은 가톨릭 신도를 죽음으로 몰아넣었지만, 같은 도시의 성매매 밀집 지역은 비껴갔다. 이에 따라 신의 정의로움을 강변해 온 신정론theodicy에 심각한 회의기 제기되었다. 이 사건에 관한 볼테르와 루소의 논쟁이 보여준 바와 같이, 리스본 대지진은 신 중심적theocentric 세계관을 극복하는 계기가 되었다. 물론 리스본 대지진을 바라보는 볼테르와 루소의 입장에 작지 않은 차이가 있었지만, 둘 사이에는 중요한 공통점이 있다. "볼테르는 전통적인 신정론에 강력한 타격을 입힌 점에서, 그리고 루소는 재난을 사회-문화적 맥락으로 풀고자 한 논증을 제시한 점에서 양자는 신과 신학에 의지하는 전근대적인 지식에서 떠나 인간과 과학에 초점을 맞춘 근대 지식을 향해 나아가는 이행기의 성격을 보여주는 측면에서 공통점을 지닌다."[1] 즉 리스본 대지진은 지성사적 맥락에서 보사면 일종의 전환을 본격화한 사건이라 할 수 있다. "'중세 기독교'라는 이전 세계와 '근대 과학'이라는 새로운 세계의 틈바구니에서 전통적인 신관과 신정론이 흔들리고 자연과학적 설명이 대두하고 있던 이 시기에, 리스본 지진은 이전 세계의 붕괴와 새로운 세계의 도래에서 기폭제의 계기를 마련한 사건"[2]이라고 평가되는 것이다.

그러나 리스본 대지진이 근대 사회에서 갖는 의미는 단지 지성사적 지평에 국한되지 않는다. 리스본 대지진은 국가에 의한 재난의 수습과 관리라는 새로운 문제 설정을 서양 세계에 제기했다. 리스본에서 대지진이 발생하던 당시 포르투갈 왕국의 총리는 폼발 후작이라는 이름으로도 유명한 세바스티앙 카르발류였다. 카르발류는 지진이 발생한 이후 재난의 수습과 피해 복구를 책임지고 지휘했다. 그런데 이 과정에서 특기할 점은 그가 전통적인 기독교적 재난 대응 방식과는 다르게 작업을 수행했다는 점이다. 즉 "18세기 이전이었다면, 리스본 대지진과 같은 재난은 분명 '신의 복수'로 해석되었을 것이고 또 종교적 의례와 기도를 통해 극복되어야 했을 것"[3]이지만 카르발류는 세속적 방식으로 재난을 극복하는 길을 선택했다.

마침 유럽 각지에서 대지진의 피해자를 돕기 위한 구호물자가 포르투갈로 몰려들었고, 이는 카르발류가 생존자들에게 식량을 제공하고, 도시를 재건하는 데 큰 도움이 되었다. 그는 대지진 이후 리스본의 죄악과 신의 심판을 설교하는 종교적 선동을 금지하고, 리스본을 근대적 도시계획을 통해 신도시로 변모시켰다. 특히 그는 '폼발 서베이'라고 불리는 재난 피해 조사를 시행하여, 재난에 대한 통계적 앎을 구축하고자 했다. 이 서베이는 "형이상학이나 종교에 관한 질문을 자제하면서, 지진의 지속시간, 진동의 방향, 파괴 현황, 사망자 수, 해일과 균열의 상황, 화재, 정부 조치 현황, 식량 부족 여부 등을 꼼꼼하게 묻고 조사하는 내용"[4]으로 이루어져 있었다. 이는 근대적 국가권력이 통치에 사용하는 통계학을 재난 대응에도 본격적으로 적용한 첫 사례라는 점에서 의미가 있다. 카르발류가 보여준 재난 대응 방식은 국가권력이 재난에 책임을 지고 대응한 유럽 최초의 사례였다. 또한, 이러한 재난 수습 방식은 종교적 방식이 아닌 세속적 앎을 바탕으로 피해를 계획적으로 수습하고 복구한 최초의 사례이기도 하다. 다시 말해, 리스본 대지진은 국가가 재난 관리의 책임 주체가 되는 중요한 순간이었다.

리스본 대지진 이후 재난 관리는 국가의 핵심적 책임 가운데 하나가 되었다. 즉 재난이 통치의 중요한 대상이 된 것이다. 이 글은 근대 사회 질서의 형성과 더불어 재난이 갖게 된 정치적 의미를 살펴보고자 한다. 근대 사회에서 재난의 정치적 의미를 파악하려면, 무엇보다 근대 국가 통치와 재난이 맺는 관계라는 질문에 답해야 한다. 또한, 재난이 통치의 대상이 되었을 때 근대적 통치의 핵심 원리인 자유와 재난의 관계에 대한 질문 역시 다뤄야 한다. 이러한 논의를 통해 우리는 근대적 재난 관리가 자본주의 체제의 폭력성과 억압성에 기초하고 있음을 알게 될 것이다. 그렇다면, 여전히 답하기 어려운 문제지만, 자본주의의 이러한 억압성과 폭력성을 넘어서는 체제 대안, 혹은 체제 전환에 대한 질문을 피할 수 없게 된다. 이 글의 마지막에서는 체제 전환의 방향으로서 사회주의에 대한 새로운 구상을 검토하며, 그러한 구상이 재난에 대한 민주적 대응에 어떤 의미가 있는지 살펴볼 것이다.

2. 자유에 기초하여 국가를 통치하기

근대국가와 통치성

카르발류의 재난 복구 및 관리 행정은 분명 근대국가의 재난 관리 방식을 일정하게 보여준다. 그가 리스본 대지진을 종교적 믿음이 아니라 근대적 지식을 바탕으로 수습하던 시기는 미셸 푸코에 의하면 서양에서 통치의 문제가 사리 잡던 시기이기도 하다. 푸코는 18세기에 이르러 그 틀이 갖춰진 국가권력의 작동 방식, 국가를 최적의 상태로 관리하는 권력의 기술을 통치성이라고 규정한다.

우리는 18세기에 발견된 통치성의 시대에 살고 있습니다. … 국가가 오늘날과 같은 형태로 존재하는 것은 국가에 있어서 외적이기도 하고 내적이기도 한 이 통치성 덕분이라고 말할 수 있습니다. 통치의 전술이야말로 국가에 속해야 할 것과 속하지 말아야 할 것, 공적인 것과 사적인 것, 국가적인 것과 비국가적인 것 등을 매 순간 정의해 주니까요. 달리 말하면 국가의 운명, 국가의 한계를 이해하기 위해서는 통치성의 일반적 전술에 근거할 수밖에 없다는 것입니다.[5]

국가의 인구, 자원, 영토 등을 국가의 규모에 적합하도록 통합하고 국가의 지속적 발전을 위해 활용할 수 있게 하는 합리적 관리 기술이 통치government의 합리성rationality으로서 통치성governmentality이다. 즉 통치성이란 군주의 권력을 강화하고 유지하는 것을 목적으로 하는 것이 아니라 국가 자체의 지속과 강화를 위한 인구와 국가 자원의 합리적 관리술이라 할 수 있다.

이는 재난이 통치성의 문제 설정 속에서 파악되고, 국가는 통치성의 틀 안에서 재난에 대응하고 재난을 관리하는 시대로 접어들었음을 뜻한다. 이런 맥락에서 리스본 대지진이 재난에 대한 근대적 대응을 보여주는 최초의 사례라는 말의 의미는 재난이 통치성의 차원에서 대응하고 관리해야 하는 문제가 되었다는 것이다. 그렇다면 재난의 정치적 의미, 재난과 근대국가가 맺는 관계라는 우리의 질문에 답하기 위해서는 재난을 통치성의 틀 속에서 살펴봐야 할 것이다. 그런데 통치성이란 무엇인가?

푸코는 통치성의 문제 틀이 싹튼 시기를 18세기보다 더 이전, 16세기 말로 파악한다. 이때는 국가의 최적화된[6] 관리라는 문제의식이 통치술로 불렸는데, 통치의 기술은 다른 제약 요소들 때문에 충분히 발전하지 못했다고 푸코는 주장한다. 우선 16세기에서 17세기는 여전히 군주의 권력을 강화하고 유지하는 문제, 즉 주권의 문제가 중요했고 이는 국가 전체의 관리를 목표로 하는 권력의 작동 방식이 발전하는 데 방해물이 되었다. 즉, 이 시기 국가를 잘 통치한다는 것은 국가의 자원을 잘 관리하고 활용한다는 의미도 있었지만, 여전히 국가 주권의 인격적 현존으로서 군주의 권력을 유지하고 강화한다는 목표가 더 강했기에 통치술의 문제 설정은 군주권의 유지 강화의 문제 설정에 우선순위를 빼앗겼다. 다음으로는 국가 자원을 최적의 상태로 관리하기 위한 지적 도구가 충분히 마련되지 않았다는 문제도 있었다. 어떻게 국가의 자원을 파악할 것인가, 국가의 구성원과 자원을 국가의 규모와 필요 맞게 배치할 방법은 무엇인가에 대한 답변이 아직 마련되지 못했던 것이다.

18세기에 이르러 서양에서 통치성이 틀을 갖추고 효과를 발휘하게 된 것은 바로 통치의 문제 설정이 발전하는 것을 가로막았던 요인들이 극복되었기 때문이었다. 이는 서양에서 자유주의라는 새로운 지적 패러다임과 정치경제 질서의 등장과 관련이 있다. 통치성은 자유주의와 결합하면서 본격적으로 국가권력의 핵심적 기술로 자리 잡기 시작했다. 그렇다면 통치성과 자유주의는 어떻게 결합했고, 통치성은 어떻게 자유주의를 통해 작동하게 되었을까? 개인의 자유로운 행위를 보장하는 것이 자유주의라면 자유로운 개인들의 행위가 어떻게 인구, 천연자원, 식량, 영토 등 국가 자원의 최적화된 관리와 연결되는 것일까?

자유주의와 통치성의 문제

우선 자유주의가 무엇을 의미하는지부터 살펴보자. 정치적 의미에서 자유주의는 17세기 후반에서 18세기 후반에 걸쳐 진행된 프랑스혁명 이후, 서양에서 일반화된 정치 질서를 의미한다. 그러나 하나의 사상으로서 자유주의는 프랑스혁명 이전에 이미 형성되어 있었다. 인간을 이성적 존재로 파악하고 개개인의 자유로운 이성의 사용이 인류의 진보와 해방을 성취할 것이라는 계몽주의로부터 시작된 자유주의는 무엇보다 '개인'의 가치를 가장 중시하는 사상적 패러다임이라 할 수 있다. 자유주의에서 인간은 더는 집단적 존재가 아니라 개인으로 이해되어야 하며, 이때 개인은 세상에서 가장 가치 있는 존재로 여겨진다. 최고의 가치를 가지는 존재인 개인은 자기 생각대로, 욕망대로 판단하고 행위하는 주체여야 한다. 그러므로 개인의 자유가 사회와 국가의 기초가 되어야 한다고 자유주의는 주장한다.

가령 인간의 권리를 사람이 자신의 인격person을 소유한다는 사실에서 찾는 로크의 논의는 이를 명확히 보여준다. 로크는 "모든 사람은 자신의 인신person에 대해서는 소유권"을 가지며, 이 소유권에 관해서는 "그 사람 자신을 제외한 어느 누구도 권리를 가지고 있지 않다"라고 쓴 바 있다.[7] 자유주의 사상의 또 다른 대표자 밀은 개인성을 "인간을 행복하게 만드는 중요한 요소 가운데 하나이자 개인과 사회의 발전에 결코 빼놓을 수 없는 요소"라고 규정한다.[8] 그러한 개인성의 핵심이 바로 자유다. 밀 역시 인간은 자신의 정신과 몸의 주권자이며 주권자로서 각 사람이 행하는 바가 그 자신에게만 영향을 미친다면 개인은 "당연히 절대적인 자유를 누려야 한다"[9]고 주장한다.

그런데 자유주의 정치사상의 논의에 따르면 서로 동일한 가치와 자유의 권리를 가진 다른 개인들이 적극적으로 결합하고 유대를 맺어야 할 이유가 그리 명확하지 않다. 자유가 자기 소유에 근거하여 권리를 누릴 때 실현된다면, 그리고 자유가 개인의 절대적 권리라면 그와 동등한 권리를 가진 다른 개인의 자유는 자기 자유의 한계로 나타나기 때문이다. 동일한 가치를 지닌 개인들이 모두 절대적 자유를 누린다면 이 절대적 자유가 서로 충돌할 때 어느 자유를 우선할 것인가? 그래서 밀은 자유의 한계를 다음과 같이 규정한다.

자유 가운데서도 가장 소중하고 또 유일하게 자유라는 이름으로 불릴 수 있는 것은, 다른 사람의 자유를 박탈하거나 자유를 얻기 위한 노력을 방해하지 않는 한, 각

자 자신이 원하는 대로 자신의 삶을 꾸려 나가는 자유이
다.[10]

다른 개인의 자유를 침해하지 않는 한에서 자신의 삶을
원하는 대로 살아갈 개인의 자유가 바로 자유주의가 제시한
자유로운 개인들이 조화되는 사회 질서의 원리다. 이때 사
회 질서는 타인의 자유를 침해하지 않는 한에서 개인의 자
유로 규정되며, 사회는 '타인과 함께 무엇을 한다'가 아니라
'타인의 자유를 방해하지 **않는다**'라는 소극적 원리에 의해
형성된다. 타인과의 적극적 관계가 아니라 소극적 관계 하
에서 '각자 자신이 원하는 대로 자신의 삶을 꾸려 나가는' 관
계가 바로 자유주의 정치사상이 그려내는 사회의 모습이다.
이는 사회를 개인들이 서로를 필요로 하는 관계의 장이기보
다는 개인들이 서로 간의 거리를 벌려야 하는 관계의 장으
로 표상한다.

그런데 자유주의 정치사상과 달리, 자유에 기초한 사회
질서를 개인들이 서로 필요로 하는 관계로 파악하는 자유주
의 이론도 존재했다. 그것이 바로 18세기에 정치경제학으
로 불리던 경제적 자유주의였다. 푸코는 18세기에 통치성
이 틀을 갖추게 된 중요한 원인 중 하나로 정치경제학, 즉
경제적 자유주의를 꼽는다.

푸코는 1977년 말에서 1978년 사이, 그가 근무하던 연구
기관인 '콜레주 드 프랑스'에서 "안전, 영토, 인구"라는 제목

으로 일련의 강의를 진행했다.[11] 이 강의에서 푸코는 통치성이라는 새로운 개념을 제시하는데 그 핵심은 무엇보다 영토국가 내부에 있는 자원, 즉 천연자원, 산업, 도시, 영토 등을 인구를 중심으로 최적화하여 관리하고 활용하는 합리적 방식에 있다고 설명한다. 그러나 국가 자원을 합리적으로 통치할 필요라는 문제의식이 유럽 역사에 항상 존재했던 것은 아니었다. 푸코는 이 문제의식이 종교개혁과 그로 인한 종교전쟁 이후 유럽 질서의 재편과 관련되어 있다고 주장한다. 즉 신성로마제국의 해체와 베스트팔렌 조약의 성립이 통치성을 유럽 정치권력의 주요 의제로 떠오르게 했다는 것이다.

유럽의 각 정치권력은 베스트팔렌 조약으로 인해 신성로마제국이라는 정치적 통합의 틀을 잃었다. 이제 각 정치권력은 자신들이 지배하는 영역을 독립된 영토국가로서 통치해야 하는 과제에 직면했다. 이는 유럽이 서로 독립된 영토국가 체계로 재편되었음을 의미한다. 이처럼 독립된 국가들은 더는 자신들의 국가를 로마처럼 제국으로 발전시키지 않을 것, 다시 말해 유럽의 다른 독립 국가를 속국으로 삼을 것을 전제하게 된다. 이는 유럽의 독립 국가들이 영구적인 경쟁 관계에 놓이게 되었음을 뜻했다. 이러한 경쟁 속에서 도태되지 않기 위해 자국 영토 내에서 자원을 최적으로 활용할 필요가 발생했다. 이 필요로부터 경쟁에서 승리하기 위해, 또는 도태되지 않기 위해 국가의 자원, 즉 국가의 부

란 무엇이고 어떻게 생산 및 활용할 것인가라는 질문이 등
장하세 되었다.

> 이제 이 단위들은 통상을 둘러싼 경쟁과 지배의 공간 속
> 에서, 통화 순환의 공간 속에서, 식민지 정복의 공간 속
> 에서 해양지배의 공간 속에서 스스로를 긍정하게 됩니
> 다. … 국가는 정치적이고 경제적인 경쟁의 공간 속에서
> 만 스스로를 긍정할 수 있게 됐다고 할 수 있겠습니다.
> 바로 이 경쟁의 공간이야말로 국가이성의 원칙이자 지도
> 노선인 국가의 증강이라는 문제에 의미를 부여해 주는
> 것입니다.[12]

영구적 경쟁이라는 상호작용 속에서 존속하게 된 유럽의
각 영토국가는 경쟁에서 스스로를 긍정하고 국가를 증강하
기 위해 자원의 생산, 활용, 관리에서 권력을 합리적으로 실
행하는 것을 '국가이성'으로 규정했다. 이러한 국가 자원 관
리에서 핵심은 자국 영토 내에 거주하는 인간 집단, 즉 인구
였다.

18세기에 이르러 인구를 중심으로 한 국가의 자원 관리는
새로운 단계에 접어든다. 국가이성의 작동에서 경제의 차원
이 중요해진 것이다. 이때 경제는 사람들이 자연스러운 욕
구에 따라 자신의 이익을 추구하는 행위들이 이루어지는 장
을 의미한다. 국가는 이제 경제 행위에서 나타나는 합리성

에 따라 인구를 최적의 상태로 관리하고, 이들의 활동과 국가의 다른 자원 간의 관계를 조절하는 방향으로 권력의 작동 방식을 변환하게 되었다. 푸코는 이러한 변화를 새로운 통치성이라고 규정한다.

이 새로운 통치성의 다른 이름이 자유주의 통치성이다. 그 이유는 이 새로운 통치성의 핵심에 자유가 기입되기 때문이다.

> 그것(자유의 기입—인용자)은 단순히 주권자 혹은 통치의 권력·찬탈·남용에 대립해 개인이 갖는 정당한 권리로서의 자유만이 아니라 통치성 자체에 불가결한 요소가 된 자유를 일컫습니다. 이제는 자유, 혹은 자유의 몇 가지 형식이 실제로 존중되지 않는다면 제대로 통치할 수 없는 것입니다. … 자유와 자유에 고유한 한계를 통치실천의 영역 내부로 통합하는 것이 이제는 절대적으로 요청되는 것입니다.[13]

그런데 자유주의 통치성이 자유에 기초한 통치를 실행할 때, 그 자유의 모델이 시장 행위자의 자유라는 점이 중요하다. 인위적으로 구축된 것이 아닌, 자연의 원리 또는 본성의 원리에 따라 이익을 추구하는 자들. 이들이 추구하는 자유가 바로 자유주의 통치성이 존중하고 통합하고자 하는 자유의 핵심이다.

정치경제학자들이 강조한 자유는 무엇보다 자신의 이익을 추구할 수 있는 자유였다. 각 개인의 자유로운 이익 추구가 개인의 권리로서 인정된다는 것이다. 그런데 이들에 따르면 개인들이 자유롭게 자신의 이익을 추구할 때 그 행위는 사회 전체의 이익으로 전환된다. 이것이 경제적 자유주의자들이 사회 구성의 원리로서 자유를 적극적으로 해명하는 방식이었다.

찰스 테일러에 따르면 이들은 이해관심의 조화라는 착상을 바탕으로 개인의 자유로운 행위가 상호 이익이 되는 사회 질서의 모델을 제시했다. 그 모델이 바로 시장, 혹은 경제라는 질서였다.

> 이러한 새로운 질서 관념이 이론과 사회적 상상의 양쪽에서 빚어낸 최초의 커다란 변화는 아마도, 우리가 사회를 하나의 경제로 보기에 이르렀다는 것이다. 이때, 경제는 일련의 상호 연계된 생산과 교환, 그리고 소비 행위들로서, 고유한 법칙과 역학을 갖는 체계를 이루는 것으로 이해된다. 그것은 더 이상 권위 있는 자들에 의한 단순한 경영이라든지, 가정이나 국가에서 우리가 공동으로 필요로 하는 자원이 아니다. 이제 경제적인 것은 우리가 함께 연결되는 방식, 또 무질서와 갈등의 위협이 없는 한 원칙상 그 자체로 자족적인 공존의 영역을 규정한다.[14]

테일러에 의하면 경제라는 질서는 개인들이 합리적으로 자신의 이익을 추구하면 그 결과가 각 개인에게 이익을 가져다주는 체계다. 이 체계는 정치나 종교 혹은 여타 다른 사회 영역과는 다른 '고유한 법칙과 역학'을 가진다. 이에 대한 가장 직관적인 표현이 바로 스미스의 '보이지 않는 손'이다. 그런데 여기서 테일러가 강조하는 것은 단지 경제가 다른 사회 영역과 구별되는 독자적 영역이라는 점만이 아니다. 오히려 더 중요한 것은 경제적인 것이 "무질서와 갈등의 위협이 없는", "우리가 함께 연결되는 방식"이 된다는 것이다. 자유주의자들은 자유로운 개인들이 공존하고 조화를 이루는 사회는 경제를 모델로 구성되어야 한다고 생각했다.

푸코의 자유주의 통치성 개념이 파악하려는 사태 역시 바로 개인의 자유로운 이익 추구 활동이 전체 사회의 이익과 조화되는 질서와 관련되어 있다. 물론 자유주의 경제사상은 국가권력 개입을 최소화할 때 조화로운 질서가 보장된다고 주장했다. 하지만 푸코가 보여주려 한 것은 국가권력이 경제활동을 모델로 삼아 인구와 자원 관리를 적극적으로 수행함으로써 자신의 욕망에 따른 각 개인의 행위가 국가 전체의 이익으로 귀결되는 질서를 적극적으로 구축했다는 점이다.

푸코가 자유주의 통치성의 원리를 "일어나게 내버려두라 laisser faire"라는 격언으로 요약할 때, 그가 염두에 두는 것은 바로 인간의 자연스러운 행위, 혹은 본성에 따른 행위로서

의 자유다. 자유주의 통치성은 바로 이 자유를 보장하고 적
극적으로 권장한다. 통치는 경제적 자유를 통해, 혹은 경제
적 자유를 활용해 이루어진다. 근대 사회의 기본 원리가 된
자유주의는 정치적 자유주의가 제공한 것이 아니라 경제적
자유주의가 마련한 것이다.

3. 자유주의적 안전장치와 재난 관리

자유주의 안전장치와 위험 관리

푸코는 그러한 자유를 보장하고 관리하는 권력의 기술을 '안전장치dispositifs de sécurité'라고 규정한다. 자유주의 통치성의 핵심 기술은 이 안전장치에 있다. 푸코에 따르면 18세기 이후 서양 사회는 "주권, 규율, 통치적 관리라는 삼각형"에 의해 관리되어 왔고, "인구가 바로 이 삼각형의 핵심 표적이며, 안전장치가 바로 이 삼각형의 핵심 메커니즘"[15]이다. 그렇다면 안전장치란 무엇일까? 그것은 위험을 적절한 수준으로 관리함으로써 국가의 정상적 상태를 유지하게 하는 제도, 지식, 실천 등의 배열이다.

한 국가가 정상적 상태에 있다는 것은 그 국가의 규모에 맞는 인구수, 인구의 건강 상태, 노동력, 군인, 식량, 천연 자원 등이 통계적 의미에서 정규 분포normal distribution를 유지하고 있다는 의미다. 여기서 중요한 것은 기아 자체가 아니라 기아율, 전염병의 발병 자체가 아니라 전염병 발병률, 사망 자체가 아니라 사망률이다. 한 국가 안에서 계측된 기아율, 발병률, 사망률 등이 통계적 정상성 내에 분포하는 경우 국가는 정상 상태에 있는 것이 된다.

만약 정규 분포상의 기아율, 발병률, 사망률을 벗어나는 사태가 벌어지면 이는 국가를 심각한 위난에 빠뜨리는 재난, 총체적 의미의 재난이 된다. 자유주의 통치성에서 안전장치란 식량 위기나 전염병 위기 등과 같은 예기치 않은 사건이 재난이 되지 않도록 관리하는 것, 이로 인해 굶거나 병들거나 사망하는 인구를 정상 상태 내에서 관리하는 권력의 작동 기제라 할 수 있다. 그러므로 자유주의 국가에서 안전이란 바로 이 통계적 정상 수치를 유지하는 것과 다르지 않다. 뒤집어 말하면 통계적 정규 분포 내에만 있다면 사람들이 굶고, 전염병에 걸리고, 사고가 발생하고, 이 때문에 사망하는 사태는 허용되거나 내버려두어도 되는 것이다.

사례를 들어보자. 푸코는 천연두라는 전염병을 관리하는 기술로서 우두 접종 체제가 어떻게 작동하는지 분석한다. 푸코가 페스트와 천연두에 대한 대응 방식을 비교한 바에 따르면 천연두에 대한 대응으로서 우두 접종은 예방적 차원에서 이루어진 의료 행위이고, 그 효과에서 거의 완전한 성공을 거두었다. 비용 부담이 크지 않은 수준에서 인구 전반에 대한 접종을 시행할 수 있었으며, 당대의 의학 이론에선 완전히 새로운 것이었다는 평가다.

그런데 그는 우두 접종을 통해 나타난 전염병 관리의 방식이 전형적으로 안전장치의 성격을 가진다고 파악한다. 이 전염병 관리 방식에는 두 가지 새로운 개념이 나타난다. 첫 번째는 "인구 중 병에 걸리고 인해 사망하리라 예상되는 평균값", 다시 말해 "정상적인 발병률과 사망률이라는 개념"이고, 두 번째는 정상적 발병률과 사망률에서 정상성의 개념이 통계적 의미의 "정상 곡선의 포착"을 통해 규정된다는 점이다.[16] 즉 자연적으로, 혹은 본질적으로 미리 주어진 정상적인 사망률이나 발병률과 같은 것은 존재하지 않는다. 한 국가 내에서 정상적인 발병률, 사망률은 통계적인 정규 분포에 의해 규정된다는 것이다.

푸코가 주목하는 식량난과 기아의 문제에 대한 18세기 정치경제학적 논의는 안전장치가 재난을 규정하고 관리하는 방식을 더욱 명확하게 보여준다. 루이-폴 아베이유라는 프랑스의 상인이 1763년에 '곡물거래의 속성에 대한 어느 도매상의 서신'이라는 책자를 발간한다. 아베이유는 재난을 하나의 자연적 사태로 생각한다. 이에 따르면 위난으로서 식량난이나 기아도 충분히 일어날 수 있는 객관적 현상이다. 또한, 곡물 부족과 이로 인한 가격 상승은 선도 악도 아닌 가치중립적 사태이다. 중요한 것은 식량난과 같은 위난으로 인해 발생할 수 있는 피해를 적절하게 관리하는 것이다. 즉 곡물 부족이 발생했다면 식량난으로 인구의 다수가 굶어 죽거나 심각한 고통에 처하지 않게 피해를 일정한 수준으로 관리해야 한다.

그런데 식량난에 대한 아베이유의 논의에서 중요한 점은 그가 "식량난은 공상이다"라고 말한 데에 있다. 그에 의하면 식량 부족 사태와 식량난은 구별되어야 한다. 식량난을 엄밀하게 규정하자면 그것은 식량의 부족으로 인구가 총체적으로 절멸하는 사태다. 하지만 현실에서 그런 사태는 단한 번도 없었다고 아베이유는 주장한다. 인구 일부가 식량 부족으로 사망했을 뿐이다. 실제로는 식량 부족과 식량 풍족의 사태만 있을 뿐이다. 그리고 엄밀히 말해 이는 자연에 의해 일어나는 것이 아니고 시장 메커니즘, 즉 식량의 수요와 공급 관계에 따라 발생하는 사태라는 것이다.

그러므로 식량 부족 사태에 대처하기 위해서는 시장의 메커니즘을 이해해야 한다. 곡물에 대한 지식뿐만 아니라 시장에 대한 지식도 필요한 것이다. 아베이유는 상품(곡물), 시장(국내외 시장), 행위자에 대한 지식을 바탕으로 적절한 환경을 조성한다면 식량 부족 사태를 효율적으로 관리할 수 있다고 생각했다. 그에 따르면 당국이 식량 공급자의 비축을 금지하는 방식으로는 식량 부족 사태를 적절하게 관리할 수 없다. 오히려 식량 공급자의 비축을 허용하고, 그들이 원하는 때에 원하는 만큼(자유롭게!) 곡물을 시장에 공급할 수 있게 해야 한다. 이와 더불어 곡물 수출의 자유를 완전히 보장해야 한다. 이렇게 하면 풍작 시에 시장에서 곡물 공급을 줄여 적정 가격을 유지할 수 있을 뿐만 아니라, 비축된 곡물을 수출할 수 있게 된다. 결과적으로 곡물 공급자는 이윤을 늘릴 수 있고, 늘어난 이윤은 경작지 확대와 비료 사용 증대에 재투자되어 다시 풍작을 촉진한다는 논리다.

그런데 이 과정에서 다음과 같은 조건이 있다고 푸코는 강조한다.

> 그래서 식량난 일반이 없어지게 된다는 것입니다. 단, 하나의 조건이 있습니다. 사람들의 계열 전체를 위해서, 시장들의 계열 전체 안에는 일정한 부족, 일정한 가격 폭등, 밀을 살 때의 일정한 곤란함, 즉 일정한 기아가 존재해야 한다는 것입니다. 결국 일부 사람들이 굶주려 죽을 수도 있습니다. 그러나 이런 사람들이 굶어 죽도록 방치함으로써 우리는 식량난을 공상의 산물로 만들 수 있고, 예전 체계에서 볼 수 있었던 것 같이 식량난이 총체적인 재앙으로 일어나는 것을 막을 수 있다는 것입니다.[17]

즉 식량 부족 사태는 인구 대부분이 아사하는 총체적 재앙으로서 식량난과 결코 동일한 것이 아니며, 그러한 의미에서 식량난은 공상에 불과하다는 것이다. 대신 식량난이 발생하면 '일부 사람들이 굶주려 죽을 수'는 있다. 이들이 기아 속에서 죽어가는 사태는 충분히 발생할 수 있는 객관적 상황, 가치중립적 사태다. 식량 부족은 결코 사라질 수 없다. 중요한 것은 식량 부족으로 인해 굶어 죽는 인구의 수를 적절하게 조절하는 것이다. 이 과정에서 인구 일부가 굶어 죽어도 그 비율이 전체 인구의 재생산과 활동을 지속하게 하는 것이라면 용인될 수 있다고 아베이유는 주장한다.

푸코에 따르면 이것이 식량난과 같은 재난에 대응하는 안전의 논리다. 안전이란 시장의 작동 방식, 수요와 공급의 메커니즘을 통해 불가피한 재난 피해를 적절하게 조절하는 권력의 활동이다. 재난이 객관적으로 발생할 수밖에 없는 사건임을 인정하고 그 피해를 적정한 수준에서 조절하는 것이 가장 중요한 것이다. 이를 위한 장치가 바로 곡물에 대한 지식, 시장 메커니즘, 수출의 완전한 자유화 등과 같은 안전장치다.

결국, 자유주의 통치성의 핵심에 놓인 안전장치는 재난을 통치 가능한 것, 즉 인구를 중심으로 한 국가 자원의 정상적 상태 내에서 관리 가능한 것으로 만들려는 목표로 작동한다. 전염병이나 식량난이 발생할 수 있으며, 그로 인해 인구 일부기 병들거나 기아로 고통받거나 사망할 수 있다. 안전장치는 이러한 발병률, 기아율, 사망률이 통계적 정상 수지를 넘어서지 않게 전염병이나 식량난이라는 위험risk을 관리하는 지식, 제도, 실천, 정책 등의 집합이다.

신자유주의, 안전 확보 통치 패러다임과 재난

그렇다면, 현재의 신자유주의 질서에서 통치성은 재난을

어떻게 관리하고 있을까? 푸코는 신자유주의 통치성은 자유주의 통치성과 달리 시장을 자연적으로 주어진 질서나 인간 본성에 따른 행위의 장으로 규정하지 않는다고 파악한다. 신자유주의자들은 자유주의자들과 마찬가지로 사회 질서가 시장을 모델로 형성되어야 한다고 보지만, 이때 시장을 자연적으로 주어진 것이 아니라 적극적으로 조성해야 할 인위적 환경으로 이해한다. 이는 국가가 개인들의 행위 원리를 특정한 방식으로 유도해야 한다는 뜻이다. 즉 개인들이 자기 자신을 하나의 기업처럼 인식하고 행위하게 만들며, 기업의 이윤 추구 행위를 개인들의 행위 습속으로 내면화해 적극적으로 경쟁하도록 하는 것이다. 이러한 행위 양식, 즉 품행conduct을 국가가 통솔하는 것이 신자유주의 통치성의 핵심이라 하겠다. 이처럼 자기 자신을 기업으로 이해하고, 자신을 하나의 기업처럼 경영하는 주체를 푸코는 '호모 에코노미쿠스'라고 규정한다.

시장에서 기업의 행위 양식을 바탕으로 환경을 조성하고 호모 에코노미쿠스를 모델로 주체의 품행을 인도하는 신자유주의 통치성에서 재난은 어떤 의미가 있을까? 신자유주의 통치성의 장에서도 재난 관리는 안전을 바탕으로 이루어진다. 그런데 신자유주의 통치성에 대한 연구들에 따르면 신자유주의적 안전 관리는 자유주의의 경우보다 더욱 노골적으로 억압적이고 폭력적인 성격을 띤다.[18]

푸코의 맥락에서 신자유주의 통치성을 연구한 사토 요시

유키는 신자유주의 통치성의 핵심적 특징 가운데 하나를 주권의 강화에서 찾는다. 즉 "신자유주의는 고전적 자유주의와는 정반대로 사회체 전체에 시장 원리를 관철시키기 위한 국가 개입을 원리로 삼는 까닭에, 이미 그 원리 속에 강력한 주권의 원리를 전제"[19]한다는 것이다. 사토에 의하면 이러한 사태는 신자유주의 통치성의 "안전 확보 장치가 행정 명령이라는 수단에 의해 '법을 발명하는' 방식으로, 안전 확보를 꾀하고자 하는 통치 기법을 의미한다."[20]

사토는 안전 확보 장치에 의해 법 정립적 폭력과 법 보존적 폭력이 혼용되는 사태를 '안전 확보 통치 패러다임'이라고 규정한다. 법 정립적 폭력과 법 보존적 폭력의 혼용이란 법률이 규정하지 않지만, 기존 법질서 자체의 보존을 위해 경찰과 같은 국가폭력의 행사가 합법화되는 사태를 의미한다.[21] 범죄, 내외부의 적, 그리고 재난 등과 같이 사회 질서를 위험에 처하게 하는 요소나 사태로부터 안전을 확보하는 것을 우선적 과제로 삼는 통치 패러다임이 안전 확보 통치 패러다임이다. 그리고 이러한 통치 패러다임을 사토는 아감벤이 개념화한 바 있는 '예외상태[22]의 규칙화'로 파악한다.

예외상태란 비상계엄 등과 같이 국가의 법질서가 위험에 처했을 때 일상적으로 적용되던 법질서를 일정 기간 중지시키는 것을 의미한다. 예외상태가 규칙화된다는 것은 국가 안에 실존하는 어떤 사람들은 일상적 법질서 속에서도 그 법이 보장하는 권리를 박탈당하거나 유보당한 상태에 놓인다는 의미다. 이런 맥락에서 신자유주의의 안전 확보 패러다임이 예외상태의 규칙화를 통해 가동된다는 것은 "바로 집행 권력이 기존의 법질서를 중지시키고, 정치체제에 통합시킬 수 없는 시민, 비시민을 '법의 힘'을 지닌 정부 명령에 의해 법질서 외부로 배제하는 통치형태"[23]라는 의미다.

이와 같은 신자유주의적 통치성의 특징은 국가의 통계적 정상성을 유지하기 위해 버려지는 인구, 죽어도 무방한 인구, 즉 배제되는 인구들과 그렇지 않은 인구의 선을 국가가 더욱 명확히 함을 뜻한다. 지그문트 바우만에 따르면 신자유주의 체제에서 더는 경쟁력이 없는 이들, 자본의 이윤 축적에 다른 쓸모가 없는 이들은 잉여이자 '쓰레기'로 취급된다. 실업자, 저소득 비정규직 노동자, 영세 자영업자, 빈곤한 노인, 가난한 나라 출신의 이주민, 난민 등이 바로 그런 쓰레기다. 사회는 사실상 이들을 필요로 하지 않는다. "우리가 사는 세계 중 통상 '사회'라는 관념으로 파악되고 있는 부분에는 '인간 쓰레기'(더 정확히 말하면 폐기된 인간)를 위해 남겨둔 자리가 따로 없다"[24]는 것이다.[25]

4. 상호의존적 존재로서 개인들과 체제 전환

취약성과 상호의존의 정치

(신)자유주의적 통치에서 전염병 발병, 식량난, 지진, 해일 등은 그 자체로 재난이나 재해라기보다는 국가가 적절히 관리해야 할 위험risk이 된다. 어떤 위난이 발생하더라도 그 피해 규모가 사회의 정상성, 즉 통계적 정규 분포(정상적 감염률, 기아율, 사망률 등) 내에서 관리될 수 있다면 위난은 재난이 아니라 단순히 위험으로 인식된다. 그리고 이러한 정상성을 유지하기 위해 인구의 일부는 고통과 죽음에 방지되기도 한다. 그래서 사회 전체에겐 전염병이나 지진이 위험에 그치지만, 어떤 사람들에게는 삶의 파괴를 유발하는 재난이 된다.

주디스 버틀러는 (신)자유주의 사회에서 권력의 작동 방식, 혹은 (신)자유주의 통치성이 개인들을 살아야 하는 생명과 죽어도 되는 생명으로 선별하는 양상을 애도가치의 불평등이라는 관점에서 분석한다. 버틀러에 따르면 애도받을 만한 가치를 가진 이들과 어떤 애도도 없이 잊히고 무시되는 이들로 나뉠 때 애도가치는 불평등한 상태에 있다. 애도가치가 낮거나 없는 사람들은 생전에도 빈곤과 무시, 억압에 시달린다. 반면 애도가치를 가진 이들은 권리를 보장받으며 살아간다.

모든 이의 삶을 존중하고, 죽어도 되는 사람과 살아야 하는 사람을 나누는 분절선을 폐기하는 정치를 그는 '애도가능성의 정치'라고 규정한다. 이는 애도가치를 평등하게 만드는 정치로, 삶을 살만한 것으로 만들기 위한 노력을 의미한다. 가령 기후위기, 해일, 지진, 물과 식량 부족, 전염병 등과 같은 재난으로 인해 삶이 파괴된 사람들이 힘을 합쳐 삶을 되찾기 위해 투쟁하는 정치, 그리고 그들의 투쟁에 연대하는 정치가 바로 '애도가능성의 정치'다.

하지만 경제적 이윤을 생명보다 중요시하는 신자유주의 체제에서 코로나 팬데믹과 같은 재난은 이러한 애도가능성의 정치를 더욱 어렵게 만든다.

> 적절한 거처나 의료보험이 없이 바이러스에 내팽개쳐진, 즉 '죽게 내버려둬진' 그 모든 이들의 경우에 그것은 더욱 어려운 일이다. 죽게 놓아두는 행태는 또한 경제가 계속 굴러가게 하기 위해 일정수의 죽음은 불가피한 일로 받아들이는 시장 합리성의 암묵적 수행이다.[26]

자유주의 통치에서 가난하고 나약한 이들은 바이러스에 감염되어 죽너라도 이는 '불가피한 일'이며 애도할 필요가 없다. 개인은 타자와의 관계성과 무관하게 독립적이고 완결된 존재로 간주되며, 개인의 자유, 특히 경제적 이익을 최대한 제약 없이 추구할 자유가 자유주의 통치 사회의 기본 원리로 자리 잡는다.

버틀러는 이러한 자유주의적 사고에 맞서 공거cohabitation라는 개념을 제시한다. 인간은 자신이 선택하지 않는 상황에서 태어나고 살아가며, 그 과정에서 자신의 신체적, 지적 한계로 인해 타인들과 더불어 살아갈 수밖에 없다. 다른 인간과 함께 거주habitation하며 지상에서 삶을 이어가는 존재, 즉 인간은 공거의 존재다.

여기서 인간의 취약성이 중요하다. 버틀러는 억압과 압제에 저항하는 정치, 그리고 평등과 존엄을 성취하고자 하는 해방의 정치는 바로 인간의 취약성으로부터 시작된다고 말한다. 인간은 다른 생명체들과 마찬가지로 생물학적 신체를 가진 존재이므로 "상처받을 수 있는 것으로 이해되는 삶"[27]이다. 인간인 우리는 취약하기 때문에 살만한 삶을 유지하기 위해 사회적 관계와 환경적 조건이 필요하다. 그리고 이러한 취약성, 상처받을 가능성은 살만한 삶을 구축하기 위한 연대의 조건이 되기도 한다.

버틀러는 이러한 취약성을 불안정성precariousness이라고 부른다. 그에 따르면 인간의 불안정성으로부터 인간의 상호의존성이 필연적으로 도출된다.

> 모든 이는 불안정한 상태에 있으며, 이와 같은 불안정성
> 은 우리가 거주지와 생명 지속을 위한 필수 요건들을 위
> 해 서로에게 의존할 수밖에 없는 신체를 가진 존재들이
> 라는, 따라서 우리는 모두 불공정하고 불평등한 정치 조
> 건 아래서 무국적성, 노숙, 그리고 빈곤의 위험에 놓일
> 수 있는 존재들이라는 우리의 사회적 실존에 기인한다는
> 것이다.[28]

  인간은 '불공정하고 불평등한 정치적 조건'에 의해 국가로
부터 쫓겨나고, 편안하고 안전하게 잠들 곳을 잃어버리고,
생계를 유지하기 위해 모든 역량을 투여해야 하는 상황에
언제든지 놓일 수 있는 존재다. 이러한 상황에 처하지 않기
위해서는 자신의 '거주지와 생명의 지속을 위한 필수 요건
들'을 서로에게 의지할 수밖에 없다는 것을 인식해야 한다.
이러한 상호의존성은 인간의 취약성, 즉 온전히 자신의 힘
만으로는 자기 보존을 지속할 수 없다는 실존적 조건으로부
터 비롯된다.
  이러한 상호의존성은 취약성이 특정한 정치적, 경제적 조
건에서 구조적으로 강화되는 상황, 인간이 그러한 취약성으
로 환원되는 조건에 처하지 않기 위해 더욱 필요한 것이기
도 하다.

이 같은 주장을 함과 동시에 나는 또 다른 주장도 하고 있는 것인데, 말하자면 우리의 불안정성은 경제적 · 사회적 관계의 조직, 그리고 우리 삶을 유지시키는 인프라와 사회적 · 정치적 제도들의 존재 혹은 부재에 크게 좌우되고 있다는 것이다.[29]

따라서 인간의 실존적 취약성은 필연적으로 정치적, 경제적, 사회적 조건들과 결부된다. 버틀러는 이러한 실존적이며 사회적인 차원이 결부된 취약성을 불안정성이라고 개념화한 것이다. 불안정성은 "신체적 욕구의 조직과 보호에 대해 다루고 있는 정치의 차원과 분리될 수 없"으며, 이것은 "우리의 사회성을, 그리고 우리는 서로 의존할 수밖에 없다는 우리 존재의 취약하고도 필수적인 차원을 노출"[30]한다. 이와 같은 상호의존성은 우리의 취약성에 상처를 내는 정치 경제적 조건에 대한 거부와 대항의 차원에서 연대라는 형태로 표현된다. 따라서 우리의 실존적, 사회적 취약성, 곧 불안정성은 연대의 필연적인 조건이 된다.

버틀러의 논의는 인간의 존재론적 조건이 타자와의 얽힘과 상호의존성에 기반하고 있음을 명확히 보여준다. 인간은 근본적으로 취약한 존재이며, 이 취약성은 타인과의 협력과 연대를 통해서만 극복될 수 있다. 즉, 인간은 타자와의 관계 속에서 자신의 삶을 살만한 것으로 만들어갈 수밖에 없다는 것이다. 이러한 이해는 (신)자유주의적 통치성의 이해와 전면적으로 배치된다. 즉 자기충족적 개인으로 인간을 이해하는 관점, 개인의 자유로운 이익 추구를 통한 인구와 자원의 최적화를 목표로 작동하는 (신)자유주의 통치성은, 취약성과 상호의존성에 입각해 연결과 협력에 기초하는 삶과 양립할 수 없다. 따라서 취약성과 연대에 관한 버틀러의 논의는 (신)자유주의 통치성에 대한 저항의 논리, 사회운동의 전거가 된다.

새로운 사회주의 체제 구상과 재난의 민주적 대응

그러나 사회운동은 (신)자유주의적 통치의 공격에 대한 저항, 혹은 지배질서에 대한 대응에 그쳐서는 안 된다. 사회운동은 (신)자유주의 통치 질서에 대한 반대를 넘어 새로운 체제를 구성하는 적극적 지향, 즉 체제 전망을 가져야 한다. 이는 재난 시에 더 취약한 이들부터 죽도록 내버려두는 체제가 아니라 재난에 민주적으로 대응해 더 많은 사람을 살릴 수 있는 체제를 구축하는 것을 의미한다. 그 체제는 오랫동안 사회주의라고 불려 왔다.

낸시 프레이저는 구 자유주의이든 신자유주의이든, 자유주의 통치성에 대한 비판을 넘어서 자본주의체제 자체를 초월하는 대안체제를 구성해야 한다는 '고전적' 정치 기획을 제시한다. 그러나 프레이저의 자본주의에 대한 이해는 '고전적'이지 않다. 그는 고전적인 마르크스주의나 인본주의

철학과 달리 자본주의를 "경제적 시스템도 아니고 윤리적 삶의 사물화된 형태도 아니"[31]라고 파악한다. 그렇다면 자본주의란 무엇인가? 자본주의는 "제도화된 사회 질서"[32]다. 자본주의 체제는 사회 질서를 경제적 생산과 사회적 재생산의 분리, 정치와 경제의 분리, 인간과 비인간(자연)의 분리, 착취와 수탈의 분리 등을 통해 사회를 여러 영역으로 분절된 제도들의 질서로 구성한다. 프레이저는 이러한 분리가 자본주의 질서 자체의 재생산에 필수적인 조건이라고 주장한다.

> 자본주의를 이러한 분리에 바탕을 둔 '제도화된 사회 질서'라 말하는 것은, 자본주의가 젠더 지배, 생태계 악화, 인종적 · 제국주의적 억압, 정치적 지배와 구조적으로 중첩되어 있다고 주장하는 것이다. 물론 이는 이들 모두가 자본주의의 전경에서 드러나는 임금노동의 착취역학과 구조적으로 결부되어 있음을 주장하는 것이기도 하다.[33]

자본주의는 그저 노동계급 착취로만 부를 축적하는 것이 아니다. 자본주의는 노동착취만 아니라 인종적, 젠더적 불평등에 기초한 수탈, 자연에 대한 약탈적 전유를 통해 부를 축적하는 착취-수탈-억압의 복합 체제다. 이는 자본주의가 단지 착취에 기반하여 작동하는 경제 질서가 아니라는 뜻이다. 자본주의는 사회적 삶을 통제하는 사회 질서이자 이 질서 전반을 통해 부의 축적을 추구하는 지배 체제다.

이렇게 파악된 자본주의의 핵심적 성격을 프레이저는 '식인 자본주의cannibal capitalism'라고 규정한다. 자본주의는 인간을 계급, 젠더, 인종에 따라, 그리고 인간과 비인간의 구별에 따라 위계화하고, 위계질서의 하층에 있는 존재들을 잡아먹으며 부를 축적하는 체제라는 것이다.

사회주의는 자본주의에 대한 대안으로 오랫동안 주목받아 왔지만, 프레이저는 기존의 사회주의관에 동의하지 않는다. 고전적 마르크스주의로 대표되는 사회주의 운동이 자본주의의 복합적 성격을 충분히 주목하지 못했기 때문이다. 그러나 착취당하고 수탈당하고 억압당하는 사람들이, 그리고 지구 생태계가 더는 식인적 성격을 강화하는 자본주의 질서를 견딜 수 없는 오늘날의 한계 상황에서 사회주의는 식인 자본주의에 대한 대안으로서 여전히 중요한 정치적 기획이라고 그는 파악한다. 이때 사회주의에 대한 이해 역시, 자본주의에 대한 이해처럼 복합적 차원에서 재구성되어야 한다.

사회주의는 계급 지배'만'이 아니라 젠더와 성, 인종적 · 민족적 · 제국주의적 억압, 정치적 지배의 전반적 불균형까지도 극복할 수 있는 새로운 사회 질서를 창안해야 한다. 또한, 경제 · 금융 위기'만'이 아니라 생태 · 사회−재생산들의 제도적 기반을 해체해야 한다. 마지막으로 21세기를 위한 사회주의는 사전에 '정치' 영역이라고 정의된 범위 안에서 의사결정을 민주화하는 것'만'이 아니라 민주주의의 관할범위를 광대하게 확장해야 한다.[34]

물론 프레이저 자신이 인정하는 것처럼 새로운 사회주의 체제에 대한 구상은 아직 실마리나 방향성에 머물러 있다. 하지만 역사적 사회주의의 실패나 현재 진행 중인 사회주의 정치의 무능력을 염두에 둔다면, 프레이저가 제안한 방향은 자본주의로부터 전환을 통해 도달해야 할 사회주의 체제의 기본 원리를 설득력 있게 제시하고 있다고 할 수 있다.

프레이저는 사회주의 체제를 새롭게 구상하면서 사회적 자원의 생산과 분배의 층위에 관해 흥미로운 언급을 한다. 우선 그는 그 층위를 최상층, 중간층, 기층으로 구분한다. 최상층은 사회적 삶을 인간다운 수준으로 살만하게 지속하는 데 필요한, 혹은 그보다 많이 적립한 부를 의미한다. 즉 이는 사회적 삶을 살만한 것으로 만들기 위한 기본적 필요보다는 더 많은 자원의 집합이다. 이러한 사회적 잉여는 사회 전체의 집단적 부이며, 시민들의 민주적 참여를 통하여 그 사용과 적립이 계획되어야 한다. 기층은 사회적 삶을 위한 기본적 필요로서 "주거, 의복, 음식, 교육, 보건, 교통, 통신, 에너지, 여가, 깨끗한 물, 숨쉬기 적당한 공기 등"[35]이 이에 포함된다. 이는 상품이 아니라 사회적 공공재로 시민에게 제공되어야 한다. 최상층과 기층 사이에 있는 중간층은 최상층과 기층에 속하지 않는 사회적 삶의 물질적, 비물

질적 자원들이 상품의 형태로 유통되는 영역이다. 이 영역은 "시장이 협동조합, 커먼즈, 자주적 결사체, 자주관리 프로젝트와 공존하며 나름의 역할을 할 수 있는 공간"[36]이다.

　이제 재난에 대한 민주적 대응이라는 우리의 문제의식으로 돌아와 보자. 이때 프레이저의 논의에서 중요한 것이 최상층에서 민주적 계획에 의한 잉여의 사용과 기층에서 기본적 필요에 대한 공공재로서의 공급이다. (신)자유주의 통치성, 혹은 식인 자본주의 체제하에서 재난이 가난하고 권력 없는 이들에게 더욱 끔찍한 고통이 되는 것은 살만한 삶을 위한 기본적 필요로부터 이들이 배제되고 축출되기 때문이다.

　버틀러는 이러한 기본적 필요를 인프라infra로 규정한다. 다시 말해 "살만한 삶을 유지하기 위해 우리 모두는 사회적 관계와 지속 가능한 인프라에 의존"[37]하고 있다. 그러므로 "우리를 지원하는 지속 가능한 인프라에 대한 인간의 의존은 인프라의 구성이 개개 생명의 지속 가능성과 긴밀하게 관련되어 있음을 보여준다."[38]

　새로운 사회주의는 재난 시에도 이러한 인프라를 공공재로서 시민에게 평등하게 제공하고, 재난이 닥칠 경우를 대비하여 사전에 사회적 잉여 사용 계획을 세우는 체제가 되어야 한다. 또한, 재난을 유발할 수 있는 생태적 조건의 파괴적 전유를 중지하고, 자연의 복원을 위해 사회적 잉여를 투입할 수 있는 민주적 계획을 수립해야 할 것이다.

5. 출구: 안전할 권리에서 체제 전환의 전망으로

　개인들의 자유를 보장하는 사회, 그 자유를 사회의 구성과 운영의 원리로 삼는다는 자유주의는 국가의 통치라는 틀에서 특정한 개인들의 경우, 재난과 위기 국면에서 얼마든지 버릴 수 있는 인구의 부분으로 규정한다. 사회 전체의 통계적 정상성을 보장할 수 있다면 일부 인구는 질병이나 기아로 죽어도 무방하다는 것이다. 더 나아가 필요하다면 그러한 인구는 죽음이나 그에 방불한 상태로 축출되고 방치되기도 한다.

　푸코는 통치성이라는 개념을 생명에 대한 통치 기술이라는 관점에서 생명권력이라고 표현하기도 한다. 그리고 생명권력의 핵심 특징을 '살게 만들고, 죽게 내버려둔다'로 규정한다. 군주권력이 신민의 생존 문제를 신민 스스로에게 맡기고, 이들이 법을 어겼을 때 죽이는 방식으로 작동했다면('살게 내버려두고, 죽게 만든다'), 생명권력은 인구의 생명을 관리하고 강화하는 방식으로 작동하며, 이들의 죽음에는 관여하지 않는다는 의미다. 그러나 필요에 따라 '죽게 내버려둔다'는 생명권력의 작동 방식은 전체 인구의 생명력을 저하시키는 일부의 인구에 대한 적극적 제거로 나타나기도 한다.

> 생명권력의 체계 속에서 처형이나 죽음의 명령은 정적에 대한 승리가 아니라 생물학적 위험의 제거, 그리고 이 제거와 직접적으로 연결되어 종 자체나 인종의 강화를 지향할 경우에만 받아들여질 수 있습니다. … 물론 처형이라는 말로 제가 말하려는 바는 단순히 직접적인 살해만이 아니라 간접적인 살해일 수도 있는 모든 것입니다. 즉, 죽음에 노출시키는 것, 어떤 사람들에게 죽음의 리스크를 증대시키는 것, 혹은 아주 단순하게 정치적인 죽음, 추방, 배척 등일 수도 있습니다.[39]

다시 말해 전체 생명권력의 체계 내에서는 인구에서 불필요한 부분들에 대한 제거로서 '죽음의 명령', 혹은 '죽음의 리스크를 증대시키는' 권력이 작동하기도 한다는 것이다. 이는 사회 내에서 살 가치가 있는 생명과 살 가치가 없는 생명을 선별하는 과정이기도 하다. 자유로운 개인의 권리를 무엇보다 보장한다는 자유주의 사회지만, 그 개인들이 가지는 생명의 가치는 평등하지 않다.

이러한 상황에서 안전은 대중적 욕망의 대상이 되며, 국가는 안전을 명목으로 시민의 권리를 제한하고, 가난하며 권력 없는 사람들을 억압하고 배제한다. 삶의 안정성 확보가 온전히 개인의 몫이 되어버린 오늘날, "국가 권위를 대안적인 방식으로 정당화하고 순종적인 시민에게 제공되는 혜택을 정치적으로 표현하는 방식이, 현재 **개인의 안전**을 위협하는 위험으로부터 시민을 보호하겠다는 국가적 약속의 형태로 모색되는 것"[40]이다.

버틀러가 보여주는 인간의 취약성과 그로 인해 발생하는 상호의존성은 자본주의 체제와 국가권력에 저항하는 운동의 근거를 제공한다. 이는 인간과 사회를 파악하는 관점 자체를 변혁하는 것에서 시작하는 작업이다. 인간은 결코 자기 완결적 개인성에 의해 규정될 수 없으며, 세계는 그러한 개인들의 자유로운 이익 추구가 자연스럽게 조화를 이루는 장이 아니다. 인간은 그 취약성으로 인해 타자와의 협력이 없다면 손쉽게 파괴되는 존재이기에 인간성의 핵심은 상호의존성이고 사회는 상호의존성에 기반을 둔 관계의 장이다. 사회운동은 바로 이 상호의존성에 기초한 연대를 통해 사회적 삶을 살만한 것으로 만들기 위한 투쟁이며, 이를 위해 공통의 인프라를 방어하고 구축하고자 하는 아래로부터의 정치다.

프레이저는 이 운동정치의 원리와 공명하는 새로운 사회주의 체제 구성의 기본 원리를 제시함으로써 식인자본주의에 대한 대안을 제시하고 있다. 사회주의 체제에 대한 프레이저의 논의를 재난에 대한 민주적 대응이라는 관점에서 다시 살펴보면, 재난이 발생할 때도 살만한 삶을 위한 기본적 필요를 시민에게 공공재로 평등하게 제공하고 이를 위해 사회적 잉여 사용을 민주적으로 계획할 필요가 있다는 것을 알 수 있다.

이는 재난으로부터의 안전할 권리가 단지 개개인의 생명, 건강, 재산을 보장하는 것에 그치는 것이 아니어야 함을 의미한다. 자본주의 체제가 지속하는 한 안전할 권리는 잘해야 생물학적 생명의 보존에 그칠 수밖에 없기 때문이다. 안전할 권리가 인간 존엄성의 한계 내에서 보장되기 위해서는 지금과는 다른 체제로의 전환이 필요하다. 그리고 그 체제의 이름은 업데이트된 사회주의여야 할 것이다. 지금은 사회주의 운동의 새로운 순환이 필요한 때다.

2장

인정이론의 관점에서 본 재난 참사 유가족 운동

백선우

1. 들어가는 말: 아무도 책임지지 않은 참사

2022년 10월 29일 밤, 한국에 또 한 번의 참사가 발생했다. 핼러윈을 맞아 이태원에 몰린 인파로 인해 압사 사고가 일어나 159명이 사망하고 197명이 다쳤다. 성수대교 붕괴(1994), 삼풍백화점 붕괴(1995), 대구지하철 화재(2003), 세월호 침몰(2014) 등 수많은 참사가 있었음에도 국가의 안전관리는 여전히 미흡했으며 국가는 또다시 국민의 안전을 지키는 데 실패했다.

중앙재난안전대책본부(이하 중대본)는 이태원 참사 다음 날 오전, 참사가 채 수습되지도 않은 상황에서 "사고 명칭을 '이태원 사고'로 통일하고, 피해자 등의 용어가 아닌 '사망자', '사상자' 등 객관적 용어 사용"을 해야 한다는 지침을 내렸다.[41] 그러나 참사냐 사고냐, 혹은 희생자냐 사망자냐는 단순히 "객관적 용어 사용"의 문제가 아니다. '사고'는 말 그대로 "뜻밖에 일어난 불행한 일"을 의미하며, 'accident'는 우연의 의미를 내포한다. "비참하고 끔찍한 일"을 뜻하는 '참사'는 세월호 참사 이후 여러 논쟁을 거치며 "사회적 자원을 들여 독립적 원인조사를 하고, 제도를 점검하고, 국가 책임을 요구할 수 있는 사고 혹은 재난은 '참사'로 불려야 한다는 사회적 합의"[42]에 따라 사용되고 있으므로, 단순히 사고에 대한 감정적 표현 혹은 주관적 용어라고 볼 수 없다. 따라서 어떤 사고를 문자 그대로 '사고'로 규정하느냐, '참사'로 규정하느냐의 문제는 그것의 성격과 원인을 규정하는 데에 중요한 역할을 한다. 그러나 "객관적 용어 사용"을 내세워 이태원 참사를 단순히 우연한 사고로 규정해 책임을 회피하고자 한 정부의 시도는 곧 실패했다. 참사 다음 날 경찰청의 기자회견에서 참사 발생 3시간도 더 전인 오후 3시 34분에 이미 이태원 해밀톤호텔 골목에 몰려든 인파로 압사 위험과 인파 통제의 필요에 대한 최초 신고가 있었고, 참사 발생 전까지 참사의 징후를 알리는 11건의 신고 전화가 있었다는 사실이 112 신고 접수 녹취록 공개를 통해 밝혀졌다. 결국, 경찰과 정부는 이태원 참사에 대한 비난과 책임을 피할 수 없게 되었다.

참사 수습보다도 빨랐던 정부의 책임 회피 시도에 반해, 같은 날 4.16세월호참사가족협의회가 4.16재단, 4.16연대와 함께 발표한 다음의 성명은 중요한 참조점을 제공한다.

아직 단순한 사고를 넘어서는 거대한 참사가 발생한 이유가 분명히 드러나지는 않았습니다. 다만, 한 가지 명확히 해야 할 것은 이 참사는 결코 세계인의 상당수가 누리는 축제를 즐기고자 했던 **시민들의 책임이 아니라는 점**입니다. ··· 어젯밤 이태원에서는 수많은 나라에서 시민들이 함께 즐기는 할로윈 축제가 열리고 있었고, 여기에 많은 인파가 참여하리라는 것은 이미 예상되었습니다. **다중이 참여하는 공간에서 발생할 수 있는 사고를 예방하고, 미리 경고하고, 대비하고, 사고 발생 시 적절한 조치를 취해야 할 책임은 우선적으로, 도시를 안전하게 관리해야 할 이들에게 있습니다.**[43]

이처럼 4.16세월호참사가족협의회의 성명은 이태원 참사가 단순하거나 우연한 사고가 아닌, 안전 관리의 부재 속에서 발생한 재난 참사임을 분명히 하면서 이태원 참사에 대한 대중의 인식을 변화시키는 중요한 계기를 제공했다.

그러나 이태원 참사 2주기를 앞둔 지금까지도 희생자들의 죽음에 대해 아무도 책임을 지지 않은 상황이다. 10.29 이태원 참사 유가족협의회는 진상규명, 대통령의 공식 사과, 이상민 행정안전부 장관 파면 및 책임자 처벌을 요구했지만, 이들 요구는 제대로 이행되지 않았다. 2023년 2월 8일, 이상민 행안부 장관 탄핵 심판이 청구됐으나, 7월 25일 헌법재판소는 재판관 전원 일치 의견으로 이를 기각했다. 판결의 요지는 피청구인이 "행정안전부의 장이므로 국민이 안전을 보장받아야 할 일상적이고 개방된 공간에서 발생한 사회재난과 그에 따른 인명 피해의 책임에서 자유로울 수 없"지만, "헌법과 법률의 관점에서 피청구인이 재난대응 기구의 설치·운영 및 재난관리 총괄·조정 등에 관한 재난 안전법과 공무원의 성실의무 등을 규정한 국가공무원법을 위반하였다거나, 국민의 기본권을 보호해야 할 헌법상 의무를 위반한 것으로 보기 어렵다"는 것이었다.[44] 또한, 검찰이 2024년 7월 15일 박희영 용산구청장에 대해 업무상과실치사상 혐의로 징역 7년을 구형[45]하고, 22일 이임재 용산경찰서장에 대해서도 업무상과실치사상, 허위공문서 작성 및 행사 혐의로 징역 7년을 구형[46]했으나, 이들 역시 재판 과정에서 책임을 인정하지 않았다. 2024년 9월 30일 1심에서 박희영 용산구청장은 무죄를 선고받았고, 이임재 용산경찰서장은 금고 3년형에 그쳤다.[47]

한국사회에서 여전히 재난 참사 희생자들의 죽음이 모욕당하고, 유가족들의 목소리는 무시되며, 참사에 책임지는 사람이 없는 상황에서, 재난 참사 희생자들의 죽음과 유가족 운동에 대한 사회적 인정 및 지지가 절실하다. 이 장에서는 이태원 참사를 비롯해 세월호 참사, 대구지하철 참사 등을 재난 참사로 규정하고, 인정이론의 관점에서 재난 참사 유가족 운동과 희생자들의 죽음에 대한 사회적 인정의 의미를 살펴보고자 한다. 이를 위해 먼저 현대 인정이론의 대표자인 악셀 호네트Axel Honneth의 인정이론을 간략하게 설명하고(2절), 이어서 호네트의 인정이론과 유가족 운동이 어떻게 연결되는지, 그리고 인정투쟁으로서 유가족 운동이 무엇을 의미하는지 논의하며(3절), 마지막으로 재난 참사 희생자들의 죽음에 대한 사회적 인정이 어떤 사회적·정치적 함의를 가지는지 살펴볼 것이다(4절).

2. 호네트의 인정이론

인정 개념은 헤겔G.W.F. Hegel의 『정신현상학Phänomenologie des Geistes』의 '주인과 노예의 변증법'에서 서술되는 인정투쟁을 통해 널리 알려졌다. 여기서 인정은 사람들이 서로를 동등한 주체로 받아들이는 것을 의미하며, 이러한 상호 인정이 나아가 사회 혹은 국가의 구성원으로서 공동생활을 가능하게 한다. 따라서 헤겔 이후의 인정 개념은 단순히 서로의 행위나 업적에 대한 긍정적인 반응을 넘어, 사회 그 자체를 가능하게 하는 조건을 의미하게 되었다.

오늘날 인정이론의 대표적인 연구자 호네트는 인정 개념을 통해 현대 사회에 대한 날카로운 통찰을 제시한다. 호네트는 흥미롭게도 현대 사회를 제도화된 사회적 인정 관계, 즉 사회적 인정 질서로 이해하고 있다. 그는 자신의 주저 『인정투쟁Kampf um Anerkennung』에서 인간의 왜곡되지 않은 자기 실현과 긍정적 자기 관계의 형성 조건이 상호주관적 인정에 있다고 주장한다. 호네트는 헤겔과 미드G.H. Mead를 경유하여 사랑, 권리, 사회적 가치부여를 현대 사회의 세 가지 인정 형태로 규정한다. 이어서 그는 이러한 인정을 박탈하는 것을 무시로 규정하면서, 세 가지 인정형태에 상응하는 세 가지 형태의 무시(폭력, 권리부정, 가치부정)를 제시하고, 이러한 무시의 경험과 사회적 고통으로부터 발생하는 인정투쟁이 역사적 변혁을 만들어왔다고 주장한다.

먼저 호네트의 인정이론의 핵심인 사회적 인정 개념을 살펴보자. 앞서 언급한 것처럼, 호네트는 인정을 사랑, 권리, 가치부여라는 세 가지 형태로 구분한다. 첫 번째 인정형태인 사랑은 인간의 본능적인 욕구와 정서에 대한 인정이다. 호네트는 위니캇D.W. Winnicott의 대상관계이론object-relations theory 에서 제시된 어머니와 갓 태어난 아기의 "절대적 의존성"이 아이가 성장함에 따라 "상대적 의존성"으로 이행하는 과정에 주목한다. 아기는 태어난 직후 생명 활동에 필요한 모든 것을 어머니에게 의존할 수밖에 없으며, 어머니는 아기가 태내에 있을 때부터 아기의 모든 활동을 자신의 신체와 완전한 동일체로 생각한다. 이는 아기가 태어난 이후에도 한동안 지속되며, 아기와 어머니는 서로에게 절대적으로 의존하는 관계를 유지한다. 그러나 아기가 성장하면서 어머니도 서서히 자신의 자립성을 회복한다. 아이는 성장 과정에서 어머니의 사랑과 보살핌을 통해 어머니가 식사를 준비하는 모습이나 도마 소리 같은 신호들을 자신에 대한 돌봄의 신호로 이해하게 되며, 점차 어머니와 떨어져 있을 수 있는 시간이 늘어난다. 이처럼 아이는 어머니의 돌봄과 정서적 지지 같은 사랑을 통한 욕구와 정서의 충족을 경험하면서, 자신의 욕구와 정서가 충족될 것이라는 기대와 믿음을 갖게 된다. 이를 통해 아이는 자신의 욕구와 정서가 다른 사람들에게 이해받을 수 있으며, 이를 표현해도 된다는 것을 깨닫는다. 아이는 자신의 욕구와 정서를 표현할 수 있는 자기-믿음, 자신감(Selbstvertrauen, self-confidence)이라는 긍정적 자기관계를 형성하게 된다.

이어서 호네트는 두 번째 인정형태인 권리와 세 번째 인정 형태인 사회적 가치부여에 대해 설명한다. 사랑과 달리 권리와 사회적 가치부여라는 인정형태는 근대 사회의 등장과 함께 새롭게 등장했다. 전통 사회에서는 오늘날 권리와 명예 혹은 업적이라고 부를 수 있는 것이 "존중"이라는 개념 속에 착종된 상태로 존재했다. 전통 사회에서 권리는 근대 사회와 달리 모든 인간에게 보편적으로 주어지지 않았으며, 위계화된 신분, 재산, 지위, 명예 등과 결합되어 차등적으로 부여되었다. 그러나 전통사회의 붕괴, 신분제 폐지, 인권 선언과 보편적 인권의 등장과 같은 역사적 발전 과정에 따라, 기존에 존중 개념 속에 착종되어 있던 권리와 업적 개념이 분리되기 시작했다. 그 결과, 권리는 공동체의 구성원으로서 모든 인간에게 보편적으로 주어지게 되었고, 업적은 공동체 안에서 각 개인이 자신의 활동을 통해 공동체에 기여함으로써 자신의 개성을 인정받는 것이 되었다.

먼저 권리와 관련하여, 인간은 한 사회의 구성원으로서 권리를 인정받음으로써 공동체에 자신의 요구를 제시하고, 공동체의 의사 결정 과정에 적극적으로 참여할 수 있게 되며, 이를 통해 자기−존중Selbstachtung, self-respect이라는 긍정적 자기 관계를 형성하게 된다. 다음으로 사회적 가치부여와 관련하여, 인간은 사회의 구성원으로서 공동체의 가치와 목적에 기여하고, 이로써 자기 자신의 업적을 평가받으며, 다른 사회구성원들과 구별되는 자기 자신의 개성을 인정받고, 이를 통해 자부심, 자기−가치부여Selbstschätzung, self-esteem라는 긍정적 자기 관계를 형성하게 된다. 호네트는 이처럼 사랑, 권리, 사회적 가치부여라는 세 가지 형태의 인정과 이를 통한 자기−믿음, 자기−존중, 자기−가치부여라는 긍정적 자기 관계의 형성이 인간의 자아 형성과 성공적 자기실현의 조건이 된다고 말한다.[48]

그러나 이러한 사회적 인정은 무시Mißachtung, disrespect, 즉 사랑, 권리, 가치부여라는 세 가지 형태의 인정에 상응하는 폭력, 권리부정, 가치부정이라는 세 가지 형태의 무시를 겪으며 파괴될 수 있다. 여기서 무시는 일상적인 의미에서 단지 신체적 폭력이나 상대방을 향한 모욕적인 발언과 같은 것이 아니다. 오히려 무시는 사회적 인정에 대한 규범적 기대를 훼손하는 도덕적−규범적 차원의 문제다. 사람들이 사회 안에서 동등한 사회 구성원으로서 사회적 삶을 이어 나갈 수 있는 것은 사회적 인정 질서라는 규범과 이에 대한 서로 간의 규범적 기대가 암묵적으로 작동하기 때문이다. 즉, 한 사회의 구성원으로서 내가 상호작용 상대자인 다른 사회 구성원을 사랑과 돌봄을 받아야만 하는 존재로, 또 권리를 가진 존중받아야 할 존재로, 그리고 그의 업적을 정당하게 평가하며 고유한 개성을 가진 존재로 인정하는 것처럼, 상대방역시 나를 그러한 방식으로 인정할 것이라고 기대하는 것이다. 예컨대 나는 길을 가다 어떤 사람이 나에게 신체적 폭력을 가할 것으로 생각하지 않는다. 내가 상대방에게 폭력을 가하지 않듯이, 상대방 역시 나에게 폭력을 행사하지 않을 것이라는 규범적 기대를 가지고 있기 때문이다. 만약 우리가 무시를 경험하면서 이러한 규범적 기대를 가질 수 없는 상황이 된다면, 우리는 항상 타인의 폭력을 걱정하고 두려워하게 되고, 결국 다른 사람들과 한 사회 안에서 공동의 생활을 영위할 수 없을 것이다. 이처럼 폭력이나 권리부정, 가치부정과 같은 무시는 바로 이 사회적 인정과 이에 대한 규범적 기대를 훼손하는 것이며, 사회적 통합과 사회 그 자체의 가능성을 위협하는 것이다.

또한, 무시는 폭력이나 권리부정, 가치부정과 같이 인정형태에 상응하는 여러 형태로 구분될 수 있지만, 많은 연구에서 무시의 경험이 "항상 신체의 붕괴 상태와 관련된 비유를 통해 기술되고 있다는 점"에 주목할 필요가 있다. 폭력의 경험이 가져오는 "심리적 죽음", 사회적 배제의 경험이 가져오는 "사회적 죽음", 그리고 개인의 업적이나 사회적 평가 절하에 따른 "모욕"[49]이라는 표현은, 결국 무시의 경험이 단지 신체나 권리 또는 사회적 가치평가와 관련된 것이 아님을 의미한다. 따라서 유기체로서의 신체와 병리 현상의 관계에서 병리 현상이 단지 신체 일부가 아닌 신체 전체에 영향을 주는 것과 마찬가지로, 무시는 특정 인정 형태에만 국한되지 않고, 주체의 온전한 인격적 통일성 혹은 전인성Integrität을 훼손하며, 주체의 왜곡되지 않는 자기-실현을 방해하는 것으로 경험된다.[50] 따라서 주체는 이러한 무시를 자신의 인격성 자체에 대한 훼손으로 경험하며, 자신의 인격적 통일성을 회복하기 위해 "인정을 위한 투쟁Kampf um Anerkennung"에 나선다. 이처럼 호네트가 말하는 인정투쟁은 단순히 어떤 개인이나 집단이 자신들의 특정한 속성이나 요구를 관철하려고 하는 투쟁과 구별된다. 오히려 인정투쟁은 주체의 무시의 경험과 인격적 통일성의 훼손에서 비롯된 부정적 감정 반응으로부터 발생하며, 동시에 사회 그 자체를 가능하게 하는 사회적 인정 질서와 규범적 기대의 훼손에 대응하는 도덕적-규범적으로 정당한 투쟁이다.

그러나 인정 개념은 단지 개인의 온전한 인격적 통일성이나 왜곡되지 않는 자기실현의 조건이라는 인간학적 차원에 한정되지 않는다. 앞서 본 것처럼 세 가지 인정형태, 특히 권리와 사회적 가치부여는 현대 사회의 역사적 발전 및 분화 과정에서 등장한 새로운 인정형태다. 예컨대 현대 사회에서 권리의 영역은 이미 권리라는 사회적 인정 관계의 제도화를 통해 모든 인간의 보편적 속성을 인정하는 것이며, 마찬가지로 한 사회 안에서 무엇을 공동체의 가치와 목적 실현에 대한 기여로 평가할 것인가와 같은 가치 평가 척도 역시 사회적 가치부여라는 인정형태의 제도화로 이해할 수 있다. 또한,『인정투쟁』에서 초기 호네트는 사랑을 단순히 인간의 사회적 삶의 조건을 형성하는 사적 영역으로 평가하여 그 제도화 가능성을 긍정적으로 보지 않았으나, 이후 가족, 결혼, 돌봄 제도의 역사적 변동과 이에 관한 연구들을 참조함으로써 사랑 역시 제도화된 사회적 인정형태라고 주장하게 된다(사랑에 대한 호네트의 관점 변화는 3절에서 자세하게 다룰 것이다). 이처럼 현대 사회에서 가족, 사회, 연대(가치공동체)와 같은 영역들이 인간의 긍정적 자기실현을 보장하는 제도화된 사회적 인정 관계의 체현물이라면, 이러한 영역들은 사회 구성원들에게 사랑, 권리, 사회적 가치부여와 같은 사회적 인정을 보장해야 한다는 규범적 요구의 압박을 받을 수밖에 없다.

3. 인정투쟁으로서 재난 참사 유가족 운동

요컨대, 호네트의 인정이론은 인간의 긍정적 자기관계의 조건인 사회적 인정과 이러한 인정을 훼손하는 무시, 그리고 주체의 무시 경험과 사회적 고통으로부터 시작되는 인정 투쟁 및 이를 통한 사회의 변혁을 골자로 하고 있다. 그러나 바로 이 때문에 재난 참사를 인정이론의 관점에서 분석하는 일이 출발부터 난관에 부딪힌다. 재난 참사는 인간에게 주어질 수 있는 가장 극단적인 형태의 사회적 고통이지만, 동시에 희생자들의 죽음을 가져오는 것이므로, 사회적 고통의 담지자인 희생자들이 사망한 이후 누가, 어떤 동기로 이러한 투쟁의 주체가 될 수 있는지 직접 답할 수 없기 때문이다. 이러한 문제에 답하기 위해 재난 참사에서 희생자들의 죽음 이후 남겨진 사회적 고통에 대해 다음 두 가지 방식으로 접근하고자 한다. 하나는 재난 참사 희생자들의 죽음과 고통의 '사회적' 성격에 주목하는 방식이며, 다른 하나는 재난 참사 희생자들의 유가족에 주목하는 방식이다.

우선, 재난 참사 희생자들의 죽음과 사회적 고통의 측면에 주목해 보자. 일반적으로 고통은 오직 고통의 담지자인 '나'만이 접근할 수 있는 내밀한 것이며, 오직 일인칭으로만 표현될 수 있다고 이해된다. 이러한 일상적인 의미에서 고통을 이해한다면, 재난 참사 희생자의 경우 주체 없는 고통, 신체 없는 고통만이 남아있기 때문에 희생자들의 고통에 접근할 방법이 없다. 하지만 여기서 우리는 재난 참사 희생자들의 고통이 단지 개인적인 고통이 아니라 사회적 고통이라는 점에 주목할 필요가 있다.

사회적 고통은 일반적인 고통과 마찬가지로 개인에 의해서만 신체적 혹은 감정적으로 경험될 수 있다는 점에서 극도로 주관적이며, 일인칭 시점에서만 진술될 수 있지만, 다른 한편으로는 사회적 원인에 의해 발생한다는 점에 주목해야 한다. 말하자면 사회적 고통은 사회적 인정 질서와 그것의 훼손에 의해 발생하는 고통이다. 예를 들어, 노동자들이 겪는 착취나 여성이 겪는 성차별, 젠더나 섹슈얼리티에 따른 혐오 등 현대 사회에서 다양하게 발생하는 사회적 고통은 주체에게 직접적-신체적으로 경험될 수밖에 없지만, 동시에 이러한 고통이 현재의 차별적인 사회적 인정 질서에 의해 발생하므로, 다른 사회 구성원들에게도 공통으로 경험되고 관찰될 수 있다. 따라서 삼인칭 시점에서도 이러한 고통을 이해할 수 있다는 것이다. 재난 참사 희생자들의 경우, 우리가 그들의 사적인 고통이나 감정을 일인칭 시점에서 이해할 수는 없지만, 재난 참사와 같은 사회적—구조적 원인에 의해 발생한 사건에서 희생자들이 겪었을 사회적 고통을 이해할 수 있는 길은 여전히 열려 있다.

따라서 재난 참사의 원인이 사회적—구조적이며 국가의 책임이라는 점에서 개인적이거나 우연적인 사고와 구별된다면, 이러한 재난 참사에서 발생한 희생자들의 죽음 역시 안전에 관한 기존의 사회 제도 혹은 사회적 인정 질서에 의해 발생한 사회적 고통이라고 볼 수 있다. 안전에 대한 권리는 헌법 전문의 "우리들과 우리들의 자손의 안전과 자유와 행복을 영원히 확보할 것"과 헌법 제34조 제6항 "국가는 재해를 예방하고 그 위험으로부터 국민을 보호하기 위하여 노력하여야 한다", 그리고 「재난 및 안전관리 기본법」 등에서 찾아볼 수 있다. 정리하자면 "안전권이란 다양한 형태의 자연재난 및 사회재난의 위협, 그리고 그 밖의 각종 재난관련 사고의 위협으로부터 헌법상 보장된 개인의 생명·신체 및 재산 등과 같은 법익을 온전히 보호받거나 보장받을 수 있는 국민의 권리를 의미"[51]한다. 이러한 점에서 재난 참사는 희생자들의 안전권에 가장 치명적인 손상을 입힌 사건이며, 이로 인해 발생한 사회적 고통을 동기로 하는 인정투쟁은 결국 안전이라는 권리에 대한 규범적 기대의 훼손에서 발생하는 규범적 투쟁으로 이해할 수 있다.

그러나 재난 참사의 경우 여전히 인정투쟁을 수행하는 주체의 죽음이라는 문제가 남아 있다. 내가 보기에 이러한 주체의 공백 문제는 인정투쟁으로서 재난 참사 유가족 운동의 이중적 성격, 즉 인정투쟁을 수행하는 주체로서 유가족 운동과 희생자들의 인정투쟁을 대신 수행하는 유가족 운동이라는 이중적 성격에 관해 고찰함으로써 해결될 수 있다. 재난 참사 유가족들은 예기치 못한 사고로 가족을 잃는 상실을 경험한다. 가족의 상실은 어떤 의미에서 인정투쟁으로 간주될 수 있을까?

호네트는 『인정투쟁』에서 첫 번째 인정형태인 사랑을 설명할 때, 위니캇의 대상관계이론을 인용하여 어머니와 자식의 절대적 의존성으로부터 상대적 의존성으로 나아가는 과정에서의 정서적 인정과 이를 통해 형성되는 자기−믿음의 중요성을 강조한다. 그러나 사랑이 헤겔에게 "인륜성Sittlichkeit의 기초이지만, 아직 인륜성 자체는 아니며, 인륜성의 예감Ahnung"[52]일 뿐인 것처럼, 초기 호네트 역시 사랑을 사회의 구성적 원리로 보지 않고, 이후 주체의 모든 사회적 관계를 가능하게 하는 필수적인 조건으로 간주했다. 그는 아이가 어머니의 사랑과 돌봄 속에서 자라며, 어머니와의 자연스러운 분리 과정을 통해 자립하지만, 절대적 의존성 단계에서 가졌던 어머니와의 완전한 융합 상태에 대한 "무의식적인 회상"이 계속해서 "타인과 융합하려는 욕구를 불러일으킨다는 점"과 결국 주체가 갖는 타자와의 모든 사회적 관계의 조건이 된다는 점에 주목한다.[53] 그러나 호네트는 "사랑관계가 원초적 사회관계의 범위를 벗어나서 더 많은 상호

행위 상대자에게 임의로 적용될 수 없는 것은, 타인에 대한 적극적 감정이 결코 자의적 노력에 따른 것이 아니기 때문"에, "사랑에는 필연적으로 항상 도덕적 개별주의의 요소가 내재"[54]해 있다고 말한다. 따라서 그는 권리나 사회적 가치 부여와 관련된 투쟁이 보편화 가능성에 따라 사회적 인정투쟁이 될 수 있는 것과 달리, 사랑은 "친밀관계의 범위를 넘어서 보편화될 수 없기 때문에 공적 관심사가 될 수 없"[55]으며, 그러므로 "사회적 투쟁을 일으키는 도덕적 경험을 전혀 포함하고 있지 않다"[56]고 생각했다.

그러나 이후 호네트는 『비규정성의 고통_Leiden an Unbestimmtheit_』에서 기존에 가지고 있던 헤겔의 「법철학」에 대한 편견을 극복하고, 부제목 그대로 "헤겔의 「법철학」을 되살려내기"를 시도하면서, 인정 개념도 큰 변화를 맞이한다. 이미 살펴본 것처럼 초기 호네트는 "권리 인정이라는 특수한 상호성 형식은 사랑이라는 상호성 형식과 달리 일련의 역사 발전 과정에 따라 비로소 형성"된다고 말하며, 권리와 사회적 가치 부여라는 두 가지 사회적 인정형태에 관해 이것이 전근대적 사회에서 "존중" 안에 포함되어 있던 권리와 명예가 근대 사회의 등장과 함께 역사적으로 분화하며 생긴 새로운 인정형태라고 생각하는 반면, 사랑은 일종의 비역사적인 사회적 인정형태로 간주한다. 이는 그가 첫 번째 사회적 인정형태인 사랑을 설명할 때 어머니와 아기의 관계를 중심에 둔 위니캇의 이론에 기초했기 때문이다. 즉, 어머니와 아이의 관계나 사랑은 역사적 변형 없이 전통 사회나 근대 사회에서 큰 차이가 없는 것처럼 보이기 때문이다.

호네트는 『분배냐, 인정이냐?*Umverteilung oder Anerkennung*』에서 낸시 프레이저Nancy Fraser와의 논쟁을 통해, 근대 사회의 등장과 함께 가족, 시민사회, 국가로의 분화 과정을 사랑, 권리, 가치부여라는 세 가지 인정형태의 분화와 제도화 과정으로 이해한다. 이 과정에서 그는 근대에 등장한 낭만주의적 사랑, 결혼과 가족 제도의 변화, 아동의 보호와 사랑과 같은 돌봄의 제도화 등을 고려하면서, 사랑이라는 인정형태 역시 권리나 사회적 가치부여처럼 역사적 발전 과정에 따라 변형되는 것으로 본다. 그리고 현대 사회의 가족이라는 영역에 사랑이라는 사회적 인정 규범이 자리 잡고 있다고 생각한다. 그는 "『인정투쟁』에서 제시된, 사랑에 "규범적 발전 잠재력"이 내재해 있지 않다는 나의 테제를 수정한다. … 그동안 나는 사랑 역시 규범적 의미에서 (해석을 둘러싼) 갈등과 투쟁을 통해 전개되는 타당성 확장 경향과 관련되어 있다는 생각을 하게 되었다"[57]는 서술로 기존에 가지고 있던 사랑에 대한 비역사적 입장을 수정한다. 호네트는 이제 사랑을 단지 어머니와 아이 사이의 모성애에 한정하지 않고, 정서적 인정을 위한 대체 불가능한 상호작용 상대자와의 관계로 확장한다. 이에 따라 '정상 가족'으로 범주화할 수 없는 다양한 가족 형태에서의 정서적 인정이나, 사랑과 마찬가지로 "타인의 대체 불가능성에 대한 인정을 표현하는 또

다른 상호작용 형식인 '우정'"[58]과 같은 정서적 인정 역시 포함할 수 있게 된다.[59]

　다시 재난 참사 유가족의 문제로 돌아오자. 이제 사랑에 관한 새로운 관점에서 보면 재난 참사 유가족은 바로 이 대체 불가능한 상호작용 상대자인 가족의 죽음으로 인해 정서적 인정을 상실한 이들이다. 일반적으로 유가족들은 "분노, 불신, 죄책감, 비통함, 외로움과 공허함, 정체감의 혼란, 죽음에 대한 수용의 어려움, 고인에 대한 갈망 및 몰두, 침습적 사고, 고인을 떠오르게 하는 것으로부터의 회피, 불면, 상실의 영향에 대한 부정, 일상생활의 흥미 감소, 직장 및 가족 차원에서의 어려움, 사회적 철수 등" 다양한 애도 반응을 보이며, "통상 정상적인 애도 반응은 6개월에서 12개월까지 지속"된다. 이러한 "애도 반응이 12개월 이상 지속되고, 사회적 측면에서의 어려움과 정체성의 붕괴를 경험하는 증상을 복합 애도 장애로 정의"[60]하는데, 예컨대 세월호 참사의 경우 "세월호 재난 발생 이후 지속적으로 강렬한 분노와 자살충동 등 외상 후 스트레스 증상"을 보이고 있으며, 이중 "국가 차원에서는 죽음 원인의 부재, 재난 당시 상황에 대한 언론의 지속적 노출, 지역사회의 비난 등이 애도를 지연시키는 요인으로 작용"하고 있다.[61] 결국, 유가족들이 겪고 있는 애도 장애는 단순히 심리 상담과 같은 치료적 접근에서 해결될 수 있는 문제가 아니라, 진상규명, 시민들의 연대와 지지, 참사의 재발 방지 등 정치적 애도를 통해 해결될 수 있다.

정원옥은 "슬픔, 자괴감, 죄책감, 불안, 분노 등은 재난 경험 이후에 흔히 나타날 수 있는 정동affect"[62]이며, 이러한 재난 참사 이후에 나타나는 부정적 감정 반응에 대해서는 정신병리 치료적 접근이 아니라, 오히려 "정동의 정치화 가능성"[63]을 찾는 것이 중요하다고 말한다. 그는 2015년 2월 7일 열린 『4.16 희망과 길찾기: 1000인이 말하다』 토론회 자료집을 분석하면서 결과를 다음과 같이 정리한다. "첫째, 4.16 이후 안산시민들을 가장 힘들게 했던 심리적 고통이 분노, 무력감, 불안감, 죄책감 상실감 등 우울증과 외상의 정동임을 알 수 있게 해준다. 둘째, 토론회 과정에서 심리적 고통이 줄어들었다는 것은 치료적 접근 없이도 말하기와 상호소통만으로도 심리적 고통이 완화될 수 있다는 것을 보여준다. 셋째, 토론회의 결과는 **진실규명이 희생자에 대한 사회적 애도 및 공동체 회복의 전제 조건**임을 말해준다. 마지막으로 토론회의 결과는 **재난의 고통스러운 정동이 오히려 공동체를 결속시키는 힘으로, 어떤 행동을 하려는 에너지로 이행될 수 있는 가능성을 보여주는 것**이다."[64] 이는 슬픔과 분노와 같은 부정적 감정이 사회 변혁을 가능하게 하는 긍정적 동기로 전화될 수 있으며, 이러한 정치적 애도를 통해서만 유가족들의 정서적 치유가 가능해진다는 것을 보여준다는 점에서 주목할 만하다.

그러나 인정이론의 관점에서 중요한 것은, 이러한 유가족들의 감정 반응이 단순히 가족을 잃은 슬픔에서 비롯되는 것이 아니라는 점이다. 즉, 인정투쟁으로서의 유가족 운동은 슬픔과 분노와 같은 감정에서 출발하지만, 그 핵심은 단순히 정동의 긍정적 전환을 통한 정치화 가능성에 있는 것이 아니다. 오히려 이는 대체 불가능한 상호작용 상대자의 죽음으로 인해 정서적 인정이 훼손되었고, 곧 사회적 인정 질서와 이에 대한 규범적 기대가 훼손된 데서 비롯된 규범적 투쟁이라는 점에 있다.

　이러한 인정투쟁을 수행하는 주체로서 유가족 운동은 인정투쟁을 대신 수행하는 측면과 곧바로 연결된다. 전주희는 1970년 전태일 열사의 분신 이후 이소선의 운동을 한국 유가족 운동의 출발로 규정하면서, 이후 재난 참사와 산재 사망 유가족 운동까지 유가족 운동에 관한 폭넓은 분석을 제시했다.[65] 그에 따르면, 민주화운동 유가족, 재난 참사 유가족, 산재 사망 유가족의 운동이 서로 다른 형태로 드러나고 구별될 수 있음에도 불구하고, "유가족 운동이 갖는 동형적인 구조"[66]가 존재한다. 여러 유형의 유가족 운동의 핵심에 공통으로 "자책"이라는 감정이 자리하고 있다는 것이다. "유가족들의 행위와 실천을 추동하는 근본적인 감정은 '자책'"이며, 이러한 자책이라는 감정은 가족이 "사회적으로 타살당했다는 '피해자로서의 감정'"이나 가족을 지키지 못했다는 "'가해자로서의 감정'으로 환원되지 않는 매우 독특한 감정"[67]이다.

특히 민주화운동 유가족에게서 명시적으로 드러나는 것처럼, 유가족은 자책이라는 감정과 함께 스스로 사회적 의무를 짊어진다. 이소선은 "내가 죽으면 좁쌀만 한 구멍이라도 캄캄한데 뚫리면, 그걸 보고 학생하고 노동자하고 같이 끝까지 싸워서 구멍을 조금씩 넓혀서 그 연약한 노동자들이 자기 할 일을, 자기 권리를 찾을 수 있는 길을 엄마가 만들어야 해요", "내가 부탁하는 거 꼭 들어주겠다고 크게 한번 대답해 줘"[68]라는 전태일의 유지를 이어받아 그와의 약속을 지키기 위해 평생 노동운동에 헌신했다. 역시 운동에 헌신한 박종철 열사의 아버지 박정기는 『전태일 평전』 등 박종철이 공부했던 책을 찾아 읽으며 "철이가 죽음과 맞바꾸면서까지 지키려 했던 것이 무엇인지 생각한다. … 스물세 살의 철이는 세상의 한 가운데서 무엇을 꿈꾸었을까? 나는 그 답을 지금도 찾고 있다"[69]고 말했다. 이처럼 민주화운동 유가족들의 운동은 먼저 떠나간 가족의 운동과 정신을 계승하여 그들의 투쟁을 이어가고 있다.

그러나 재난 참사 유가족 운동은 민주화운동 유가족 운동과 상황이 다르다. 재난 참사의 경우, 갑작스럽게 찾아온 죽음으로 인해 희생자들이 해야 했던 사회적 투쟁이 무엇인지, 그들의 유지가 무엇인지 알 수 없다. 그래서 유가족들이 어떤 사회적 투쟁을 계승해서 수행해야 하는지에 대한 답이 직접적으로 주어지지 않는다. 이들에게는 오직 가족의 죽음과 함께 주체 없이 남아 있는 사회적 고통, 말해지지 못한 사회적 고통만이 남아 있다. 하지만 우리는 이미 이러한 사회적 고통의 '사회적' 특성에 주목할 때 삼인칭 시점에서 객관적·사회적으로 이해 가능하다는 점을 확인했다. 따라서 재난 참사 유가족 운동은 사회적 고통의 '사회적' 특성과 자책의 감정을 매개로 하여, 재난 참사 희생자들이 수행했어야 하는 인정투쟁을 대신해서 수행하는 것으로 이해할 수 있게 된다.

"이 사람들, 죽은 사람들은 대체 우리가 어떻게 하길 바랄까? 우리가 무엇을 하길 바라고 있을까?",[70] 혹은 "(지하철) 감시 활동은 저희의 사명이라 생각하고 있어요. 어머니, 자식, 형제 등을 잃고 난 후에 저희에게 주신 사명 말입니다"[71]와 같은 대구지하철 참사 유가족의 말은 인정투쟁을 대신 수행하는 유가족 운동의 측면을 잘 보여준다. 대구지하철 참사 유가족 운동은 "한국사회에서 처음으로 등장한 재난 참사 유가족 운동이자 가장 오랫동안 활동하고 있는 단체"다. 대구지하철참사 희생자대책위는 참사 초기부터 "안전한 지하철 만들기"를 4대 과제 중 하나로 규정했으며, 대구시민안전테마파크를 건립해 "참사에 대한 교육"과 안전사회 건설을 위해 활동하고 있다.[72] 세월호 참사 유가족 운동 역시 "존엄과 안전에 관한 4.16 인권선언"에 드러난 것처럼 모든 사람이 누려야 할 안전한 삶을 위해 투쟁하고 있다. 이러한 안전할 권리에 대한 투쟁은 안전에 대한 권리를 침해당했던 재난 참사 희생자들이 수행해야 했던 바로 그 인정투쟁이다.

요컨대 인정투쟁으로서의 재난 참사 유가족 운동은 다른 인정투쟁과 마찬가지로 슬픔, 분노, 자책 등 다양한 감정 반응으로부터 출발하지만, 이 운동이 사회적 인정 질서의 훼손, 즉 무시의 경험에서 비롯된 감정 반응이라는 점에서 규범적으로 타당한 투쟁이다. 그러나 재난 참사 유가족 운동은 일반적인 인정투쟁과 달리 이중적인 성격을 가진다. 한편으로는 정서적 인정을 위한 대체 불가능한 상호작용 상대자인 가족을 상실한 주체들의 인정투쟁이며, 다른 한편으로는 재난 참사 희생자들의 말해지지 못한 인정투쟁을 대신해서 수행하는 인정투쟁이기도 하다.

4. 죽음에 대한 사회적 인정

지금까지 살펴본 바와 같이, 인정투쟁으로서의 재난 참사 유가족 운동은 안전할 권리에 대한 요구와 깊이 연관되어 있다. 그러나 안전권에 대한 요구는 단순히 기존 사회적 인정 질서의 회복이나 기존 권리 체계로의 포섭만을 의미하지 않는다. 이는 "재난이 사회시스템의 취약성, 사회 질서의 기존 구조의 실패를 극적으로 드러내는 사건"이며, "따라서 재난은 그 자체로 정치의 장"을 열기 때문이다.[73] 다시 말해 재난 참사는 기존의 사회적 인정 질서가 작동하지 않기 때문이 아니라, 시민들의 안전에 충분하지 않기 때문에 발생한다. 이처럼 사회적 고통은 바로 기존의 사회적 인정 질서가 특정 주체들을 포함하는 데 실패하는 곳에서 발생한다. 따라서 만약 기존의 사회적 인정 질서 혹은 권리 체계가 특정한 시민들의 안전할 권리를 체계적으로 보장하지 못했다면, 인정투쟁은 사회적 인정 질서를 확장해 기존에 포괄하지 못했던 주체들을 포함할 것을 요구한다. 결국, 인정투쟁으로서의 유가족 운동은 기존의 정치적 공론장, 또는 사회적 인정 질서 바깥에서 등장하며, 기존의 인정 질서에 의문을 제기하고, 그것을 확장하기를 요구하는 그 자체로 '정치적인 것'이다. 이러한 재난 참사 유가족들의 인정투쟁은 안전에 대한 권리 속에 이러한 재난 참사의 경험을 새겨 넣기 위한 투쟁이다. 안전사회란 재난 참사나 사고가 없는 세계가 아니라, 그러한 재난 참사가 안전 권리 속에 기입되어 반복되지 않도록 하는 사회다.

그러나 재난 참사를 비롯한 여러 사회적 고통이 모두 인정투쟁으로 등장하는 것은 아니다. 호네트가 말하듯, 무시의 경험이나 사회적 고통과 같은 "도덕적 실천적 준거점은 사회적 현실에서 너무도 약한 것이기 때문에 무시하는 부정의는 이런 정서적 반응 속에서 불가피하게 인지될 수밖에 없는 것이 아니라 단지 그럴 수 있는 가능성일 뿐이다. 사회적 수치나 무시당한 감정에 내포된 인지적 잠재력이 정치적, 도덕적 신념으로 나아갈 수 있느냐 하는 점은, 경험적으로 볼 때 무엇보다도 관련자들의 정치적, 문화적 외부 조건이 어떤 상태에 있느냐에 달려 있다. 오직 사회운동을 강화할 수 있는 수단이 존재할 때에만 무시에 대한 경험은 정치적 저항 행위를 동기화하는 원천이 될 수 있다."[74] 다시 말해 사회적 고통이나 무시의 경험은 항상 명확한 언어로 정치적 공론장에서 표현되지 않으며, 인정투쟁의 단초로만 존재할 뿐이다. 또한, 모든 사회적 고통을 경험하는 주체가 인정을 위한 투쟁에 나서는 것도 아니다. 대부분의 사회적 고통은 개인의 고통으로 남은 채 끝나버리는 것이 현실이다. 호네트가 지적한 것처럼, 이러한 사회적 고통이 인정투쟁으로 전개되고 사회의 변혁으로 이어지기 위해서는, 사회적 고통이 현재 사회의 일반적인 고통으로 해석되는 체계와 더불어, 사회적 고통의 담지자가 투쟁에 나설 수 있도록 돕는 시민들의 연대와 지지가 필수적이다.

지금까지 유가족 운동에 관한 논의에서 가족 간의 깊은 유대를 전제하고, 가족 내 불화 등의 문제 상황이나 다양한 가족 형태, 가족 외의 투쟁하는 주체들에 관해 고려하지 않았다. 앞서 언급했듯이, 사랑은 부모-자식 혹은 부부 간의 사랑으로만 한정되지 않으며, 오히려 정서적 인정과 관련된 대체 불가능한 상호작용 상대자와의 관계를 의미하므로, 우정과 같은 사회적 관계도 포함될 수 있다. 이러한 맥락에서, 유가족the bereaved뿐만 아니라 대체 불가능한 상호작용 상대자를 빼앗긴be-reaved 이들, 곧 친구나 동료와 같은 우정의 범주에 포함될 수 있는 다양한 주체들, 그리고 재난 참사 생존자나 부상자 등 재난 참사와 직간접적으로 관련된 여러 투쟁 주체들을 포함하는 '유가족 운동'에 관해서도 차후에 고찰해 볼 여지가 있다.

3장

사회적 문화투쟁의 장으로서 재난 참사의 외상

: 재난 참사와 외상의 문화정치학

김현준

1. 들어가며: 재난과 고통의 질문

　모든 재난 참사의 사회적 의미와 법적 지위는 불평등하다. 피해자, 생존자, 유가족이 겪는 고통과 외상의 의미, 질적 강도, 대중적 정서도 동등하지 않다. 어떤 재난은 끔찍한 '참사'로 규정되지만, 어떤 재난은 제대로 정의되지도 않는다. 어떤 재난은 사람들에게 기억되며, 어떤 재난은 잊힌다. 어떤 재난은 제도와 행정 속에 기입되어 성찰되고 정책의 대상으로 다뤄지지만, 어떤 재난은 인정조차 받지 못한다. 어떤 피해자와 그들이 겪은 고통(외상)은 기억되지만, 어떤 피해자와 그들의 고통은 그렇지 않다.

　사건의 참혹함과 고통의 극심함에도 불구하고, 사회적 소외(심지어 법적 처벌)로 인해 고통이 가중되었던 용산 참사가 아마도 대표적인 사례일 것이다. 종교사회학자 이철[75]에 따르면, 2009년 용산 참사는 무관심과 비판 속에서 피해 집단과 사회 일반 집단 간의 정서적, 도덕적 교류와 연대가 부재했다. 이로 인해 도덕적 악에 대한 일반화된 상징으로 자리 잡지 못하고, 사회적 외상 사건으로 재현되는 데 실패하여 개별 피해자들만의 외상으로 남게 되었다.

사회 일반에서 규정되는 재난과 고통의 개별성과 탈정치성에도 불구하고, 그것들은 단순히 일회적이고 개인적인 사태가 아니다. 재난과 (피해자의) 고통은 사회적 시공간을 통과하며 피해자와 생존자에게 어떤 의미를 갖는 사건으로 남을지 사회와 국가에게 질문한다. 그 의미란 피해자와 생존자가 경험하는 사회와 국가 자체의 구체적인 모습이다. 재난과 고통을 해결하고 피해자와 연대하기 위해 어떤 사회적 과정과 제도가 필요한지, 정책을 어떻게 수립해야 하는지, 그리고 궁극적으로 우리 사회가 어떤 사회인지 정의하는 문제와 결부되어 있다. 재난은 사회와 국가라는 비개인적인-공적인-의미화 제도(장치)들을 통해 피해자와 생존자에게 고통의 개인성이나 주관성의 의미를 규정해 준다. 다시 말해, 고통의 개별적 고유성이나 주관적 체험은 단지 어떤 사태를 접한 개개인이 처음부터 끝까지 소유하고 책임지는 '개인적' 병리나 심리 상태가 아니라, 사회문화적 관계와 공적 제도가 만들어내는 관계적이고 사회적인 감정이자 사회적 병리의 반영이다. 즉, 피해자와 생존자에게 재난의 고통은 사회적 질문과 국가 행정의 시공간을 통과하며 비로소 유의미한 '현실'이 된다.

사회적 시간을 의미 있게 통과한 재난은 피해자와 생존자에게 위로를 주고 고통을 경감시키지만, 그렇지 못한 재난은 그 지난한 과정에서 고통을 더욱 가중시킨다. 그렇다면 재난 참사를 마주한 우리 사회는 어떻게 그 피해자와 생존자의 고통을 사회정치적 해결과 의미화의 과정에 놓을 것인가?

2. 고통과 외상을 사회문화적 실재로서 이해하기

우리는 흔히 재난의 강도와 고통의 정도를 사건의 실체적이고 명시적인 '끔찍함'이나 '스펙터클'한 참사적 성격, 그리고 피해자와 생존자가 겪는 정신적 고통(외상)에만 집중하려 한다. 그리고 사회나 정부는 재난의 이러한 실체적 성격에 기반해 재난의 사회 · 정치적 의미를 때로는 인정하고 때로는 부정하면서 재난과 그 피해에 대한 차별적 정책을 실행한다. 재난의 사회 · 정치적 의미를 외면한 결과는 재난의 피해와 고통이 오롯이 피해자들만의 몫으로 남는 것이다. 그러나 고통과 외상trauma이 피해자들만의 것이 아니라, 전체 사회의 것이라는 인식을 가질 때 우리는 비로소 피해자의 고통을 진정으로 경감시키고 재난에 적극적으로 대처할 수 있게 된다.

'문화적 외상 이론'은 재난을 사회적 문제로 바라보며, 고통과 외상을 재난의 직접적이고 개인적인 효과라기보다는 사회 · 정치 · 문화적 과정이 매개된 사회 전체적 현상으로 이해한다. 이 이론에 의하면 외상은 어떤 충격적 재난 사태에 대한 '자동적인' 반응이 아니라, 인간과 제도적 행위자들에 의해 상징적으로 의미 부여되고 해석되는 문화적이고 집단적인 사건이다. 즉, 어떤 고통이나 상해, 사태가 그 자체로서 직접적이고 필연적으로 집단의 외상을 형성하지는 않는다. 심지어 우리가 직접적으로 경험하지 않은 사건조차 외상으로 경험될 수 있다. 외상의 실재성을 규정하는 것은 외상에 대한 사회적 정의와 판단에 달려 있다. 외상이 사회적으로 인정되는 속성을 통해 규정되기에 사회적 인정을 만드는 사회적 과정이 중요해진다. 문화사회학자 제프리 알렉산더Jeffrey C. Alexander는 고통이나 외상이 사회문화적 과정의 결과임을 강조한다.

> 충격과 공포 의식은 사건 자체가 아니라 의미가 제공하는 것이다. 의미 구조가 흔들리고 충격받았는지의 여부는 사건의 결과가 아니라 사회문화적 과정의 효과이다. 이는 인간 행위agency의 결과이며, 새로운 문화적 분류 체계가 성공적으로 부여된 결과이기도 하다. 이 문화적 과정은 권력 구조 및 성찰적인 사회 행위자들의 우연적인 기술의 영향을 많이 받는다.[76]

이렇게 외상을 사회문화적 현상으로 이해한다는 것은 외상이 개인에게만 체험되는 심리적인 것이 아니라, 한 집단이 경험할 수 있는 사회적 문화현상이라고 이해하는 것이다. 이는 외상이 사회적 매체와 문화적 서사를 통해 증폭되거나 축소되거나 변형되는 등의 재현에 의해 그 질적 속성이나 정도가 규정될 수 있음을 의미한다. 외상은 자연적으로 존재하는 것이 아니라, 사회적 과정에 의해 문화적으로 구성되며 집단이 경험하는 것이기 때문이다.[77]

이러한 이해는 비가시화되거나 은폐되는 재난 참사의 다양한 고통과 관련해 그 의미론적 차원들을 사회적으로 증언하고, 문제적 사건으로 인정하기 위한 정치적 실천의 중요성을 시사한다. 결국, 이러한 관점은 재난에 행정적으로 대처하거나 개별적 고통 및 외상을 어떻게 규정하고 치료할 것인가를 넘어, 어떻게 고통에 연대할 것인가라는 실천적 질문을 내포한다. 왜냐하면 개별적 고통이나 외상은 결국 그것을 강화하거나 경감시키는 사회정치적 의미와 정당성에 달려 있기 때문이다. 안타깝게도 모든 재난 참사의 고통이 '자동적'으로 고통의 치유와 사건의 해결, 나아가 연대를 촉발하며 사회를 재구성하지는 않는다. 그렇기에 고통을 사회문화적 현상이자 집단적으로 구성되는 외상으로 이해하는 것은 연대를 촉발하고, 사태나 사고를 개인을 초월한 '사회적 사건'으로서 정의하며, 재난과 고통을 경감시키는 사회를 재구성하려는 문화적이고 정치적인 노력에 달려 있다.[78]

외상이 문화적으로 구성된다는 말은 "외상에 대한 모든

'사실'이 감성적 · 인지적 · 도덕적으로 조정"된다는 뜻이다.[79] 그래서 알렉산더를 비롯한 문화사회학자들은 외상의 본질이 사태 자체와 재현 사이의 간극에 있다고 주장한다.[80] 외상은 정체성과 세상의 의미에 혼란을 주기도 하고, 세상을 보고 이해하는 방식을 변화시키며, 재난과 고통의 의미를 찾아 나선다.[81] 하지만 외상은 단지 참사의 개별적인 경험의 결과가 아니라, 집단적 정체성과 사회적 연대성에 (해석되지 못하고 존중받지 못한) 고통이 파고든 사회적 결과이다.[82] 외상은 집단의 행위자들이 고통을 집단의 자기정체성이나 사회의 도덕적 규범에 대한 위협으로 재현하기로 '결정'하고, 재현 수단이나 매체들을 선택함으로써 '사회적인 실재'가 된다. 즉, 외상적 사건의 실재성은 집단이 그것을 어떤 문제로 인식하고 인정하며 실천적으로 다루느냐에 의해 비로소 실체적인 것으로서 존재하게 된다.

문화적 외상이론은 어떤 대규모 고통이나 끔찍하고 강렬한 사건이 어떻게 한 (정치사회) 공동체의 정체성과 도덕적 규범, 사회체계를 형성할 만큼 설득력 있는 집단기억 내지 공적인 서사가 되거나 되지 못하는지의 이유를 묻고 이를 설명하기 위해 고안되었다.[83] 예를 들어, 알렉산더는 홀로코스트와 달리 난징대학살이 그 만행의 정도와 세계적인 언론 보도에도 불구하고 중국과 일본의 집단정체성에 거의 기여하지 못하고, 중국 지역을 넘어 인류 보편적인 가치를 낳는 외상적 사건이 되지 못한 이유를 질문한다. 최악의 대학살이라는 점에서 홀로코스와 난징대학살은 전혀 다르지 않은 심각한 외상적 사건이어야 하지만, 후자는 일본 정부가 공식적으로 부인하면서 "제2차 세계대전에서 잊힌 사건"으로 남았다. 난징대학살의 고통이 '사회적 고통' 또는 '외상'이 되지 못한 이유, 학살이 외상적 사건이 되지 못한 이유는 무엇일까? 알렉산더는 외상이 형성되는 복잡한 사회적 과정 속에서 원인을 분석한다.

> 사회구조적·문화적 이유에서 수단, 권위 혹은 해석 능력을 수반하고 외상 주장을 효과적으로 유포시킬 수 있는 수행집단이 부상하지 못했다. 충분히 설득력 있는 서사가 아직 고안되지 못했거나 일반 청중에서 성공적으로 전달되지 못했다. 이러한 실패로 집단 고통 가해자들은 도덕적 책임을 받아들이도록 강요받지 않았고, 사회적 외상의 교훈은 기념화나 일상화되지도 않았다. 도덕적 책임에 대한 정의가 새로이 정립되지 않았다. 사회적 결속도 확대되지 않았다. 근본적이고 특수주의적인 집단 정체성이 아직 변화하지 않았다.[84]

그렇다면 한국사회에서 벌어진 많은 재난은 왜 '사회재난'과 '사회적 외상'의 지위를 획득하지 못하고 회피와 모욕의 대상이 되어 피해 당사자나 유가족의 개별적 고통으로 남아 있게 되었는가? 대부분의 산재는 왜 한국사회 전체에 공감과 도덕적 질문을 불러일으키지 못하고, 사회의 정체성을 재정립하며 정책적 성찰을 제도화하는 집단적 외상 사건이 되지 못하는가? 심지어 광주민주화운동은 아직까지 극우 정권과 반공주의자들에 의해 '색깔론'의 대상이 되고 있다. 용산 참사는 잊히고 있으며, 세월호와 이태원 참사는 여전히 진상규명의 과제 속에서 남은 자들의 고통이 가중되는 상황이다.[85]

3. '사회 없는' 재난과 '문화 없는' 외상 이해의 한계

우리는 대개 외상을 어떤 사고 자체의 특성으로부터 전적으로 즉각적(무매개적)이고 비성찰적으로 발생하는, 인간의 심리적 본성에 기인한 현상으로 생각한다. 즉, 외상이 물리적이고 자연적인 기초에만 근거하여 자연스럽고 자동적이며 일회적으로 완결된 형태로 발생하는 사태로 보는 것이다. 이런 논리에 따르면, 누군가가 충격적인 사태를 맞이해 외상을 입는 일은 그저 '자연스럽고 당연한' 일로 여겨진다. 하지만 외상에 관해 우리 사회가 상식처럼 수용하고 있는 이 소박하고도 일반적인 통념은 사고나 재난 사태가 어떻게 사람들에게 커다란 충격과 혼란, 집단적 심리와 행동의 변화를 일으킬 만큼 의미 있는 사건이 되었는가에 대한 질문을 대체로 결여한다.[86]

예를 들어, 스트레스나 우울증을 모든 현대인의 기본적 정신 상태나 개인의 심리적, 생리적인 증상으로만 이해할 때, 우리는 자본주의나 경쟁 사회가 야기하는 사회적 지위와 문화구조에 따라 환경을 '스트레스'로 구성해내는 개인과 집단, 그리고 제도의 관계를 간과할 수 있다. 이러한 견해는 외상을 단지 환경에 따른 수동적인 '본성'의 문제로 간주하여, 이를 개인의 내면이나 생리학적 차원 내에서만 관리해야 할 문제로 축소하기 쉽다.[87] 그 결과, 우리는 외상의 사회문화적, 관계적 차원을 은폐하고 '사회 없는' 심리/정신 치료를 손쉽게 강요하게 된다.

사회학자 김명희는 문화적 외상 과정 이론에 근거해 '사고-보상 프레임'에 내재한 '고통과 재난의 의료화', '사회 없는' 정신의학적 치유담론(PTSD), 그리고 '의료적 자연주의'를 비판하며, '사회적 치유' 모델과 방법론의 모색을 제안한다. 그에 따르면, 재난의 의료화 과정에 편입된 '세월호 트라우마'에 대한 정신의학적 치유 담론은 "고통의 사회적 조건과 과정을 은폐·개별화함으로써 왜곡된 상喪의 과정에 일조할 수 있"다.[88] 그리고 "의료적 패러다임에 기초한 전문가적 개입이 치유 산업의 성장과 재난 담론의 과잉, 그리고 지체된 진실 규명 국면과 조응하면서, 우리가 목도하고 있는 사회적 고통의 근원과 본질을 희석시킬 위험"도 경고한다.[89]

외상을 자연적이고 사실주의적인 논리나 심리학만으로 환원하는 관점(자연주의적 오류)은, 표면적으로는 타자의 고통에 대한 생물학적이고 스펙터클한 토대나 '객관적 사실' 그 자체에 입각해 집단의 즉각적인 공감과 그에 따른 해석적 동의, 그리고 정치적 실천이 자동으로 뒤따를 것이라고 쉽게 가정할 수 있게 한다. 물론, 외상의 개인성과 물질성을 인식하는 것은 개개인의 고통을 경감하고 효율적으로 치료하는 데 분명 도움이 된다. 이러한 접근이 사태나 감정 표현의 참혹성으로부터 공감과 동의를 얻어내기 쉬울 수 있다는 점에서, 실천 전략으로서의 효용이 커 보이는 것도 사실이다.[90] 하지만 반대로 우리는 의미가 명백해 보이는 사건에 대중이 무관심하기도 하고, 불행한 일을 당한 사람들이 여러 이유로 외상 경험 자체를 스스로 억압하는 현실도 알고 있다. 이처럼 외상에 대한 자연주의적, 사실주의적 해법은 "외상을 야기하는 물체나 사건"을 개별 "행위자가 명확하게 인식한다"고 전제하는 문제점이 있다. 따라서 '사실'을 알기만 하면 문제는 자동적으로-그래서 진보적으로-해결될 것이라는 계몽주의적 낙관에 만족하거나,[91] "세상이 아니라 자아 내에서 사태를 바로잡음으로써 외상이 해결될 것"이라고 믿는다.[92] 더군다나 정신의학의 자연주의적 치료 담론과 의료화 담론은 국가나 책임기관에 의해 사회적 고통의 목소리와 사건의 의미를 외면하고 은폐하는 도구로 종종 이용된다.[93]

4. 공적, 정치적 책임과 책무성의 투쟁으로 규정되는 재난과 외상

외상을 문화적으로 구성되고 승인되는 사회의 과정적 사건으로 이해하면, 외상과 재난을 좀 더 종합적이고 정치적이며 공적인 문제로 접근할 수 있게 된다. "'외상 경험'은 집단에 가한 고통스러운 피해를 규정하고 희생자를 확인하며, 책임을 귀속시키고, 관념적이고 물질적인 보상을 할당하는 사회학적 과정"이다.[94] "문화적 외상 과정의 중심적인 측면은 고통의 원인을 규명하고 책임을 묻고 해결책을 제시하려는 집단적 시도"이다.[95]

문화적 외상 연구자들은 여러 사례를 통해 사회의 책임과 공중의 죄책감이 인간 조건의 도덕적 깊이에 도달케 하는 문화적 외상의 중심임을 보여준다. 재난에 대한 집단적 재현은 그 실재의 모습, 그 원인 및 행위의 책임에 대해 '요구claim'하는 것이다.[96] "참사의 외상 경험을 담론과 표상의 공간으로 끌어올리는 재현의 정치는 집단에 가한 고통스러운 피해를 규정하고 희생자를 확인하며, 책임자를 귀속시키고,

관념적이고 물질적인 배(보)상을 할당하는 사회적 과정"이다.[97] 즉, 참사의 희생자가 누구인지(누가 누구를 지정할 것인지), 그 희생의 의미는 무엇이며 이를 초래한 책임자는 누구인지에 대한 질문과 대답이 항상 사건의 중심에 있다는 것이다. 고통과 책임이라는 주제를 추적하지 않고는 어떤 외상의 이야기도 할 수 없다.[98] 어떤 상해와 고통에 대해 사람들이 갖는 의미란 "근본적인 피해에 대한 주장이며, 성스러운 가치의 끔찍한 속화profanation에 대한 절규이고, 파괴적인 사회과정에 대한 서사이며, 감정적·제도적이고 상징적인 보상과 재편성에 대한 요구"이기 때문이다.[99]

외상은 때로 건설적이고 때로는 파괴적인 양면성을 띤다.[100] 외상은 사건에 직면하고 사건을 다루는 집단의 정체성과 집단 기억에 의문을 품게 하고 균열을 발생시킨다. 새로운 정체성과 기억을 만들고, 나아가 새로운 도덕규범과 "문화체계의 씨앗"[101]이 되기도 한다. 또 관련 행위자들, 희생자와 가해자, 그리고 공중을 재규정하고, 그들이 갖고 있는 정체성과 신념 체계에 성찰적 질문을 제기하기도 한다. 즉, 외상과 외상적 사건의 규정에 "사회 문제의 정치"[102]가 존재하는 것이다.

외상을 논하고 정의하는 일은 외상의 물리적/정신분석학적 근거나 '기원적 사건originating event'만이 아니라, 외상의 원인, 즉 집단 차원에서 '승인'되는 '사건'의 의미(또는 사건적 의미)를 식별하고, 나아가 그 의미가 도덕적이고 감정적이며 정치적인 차원과 결부된다는 사실과 밀접한 관계를 갖는다. 여기에서 외상의 실체적 근거로서 지시되는 '기원적 사건'은 집단적 인성과 존중, 사회적 치유 과정의 외부에 있는 실재가 아니라, 그러한 인정과 존중, 치유의 과정 안에서 소환될 수 있는 재귀적이고 수행적인 실재이다. 사건이 외상을 규정한다기보다는, 집단적 인정 여부로 의미화되고 규정되는 외상이 사건을 규정하는 것이다. 따라서 외상은 개인의 과거에서 단순히 폭력적이거나 발원originating적인 사건에서 찾을 수 있는 것이 아니라, 외상이 실체적 사건과 그에 대한 정부의 입장과 정책으로 동화되지 못하고 납득되지 않은 해명들과 존중되지 않은 문제들이 이후에 되돌아와 생존자를 괴롭히는 방식에서 찾을 수 있다.[103]

외상이 생존자를 괴롭히는 방식과 연관된다는 것은 외상이 결코 알 수 없는 실체적 사실, 또는 증명할 수 없는 주관적 감정의 문제가 아니라, 사회적 의미와 합법적이고 문화적인 인정과 존중, 죄책감과 연대성의 구축에 달려 있음을 의미한다.[104] 따라서 고통에 대한 공감은 사건에 대한 사회정치적 해석의 정당성 인정과 무관하지 않다. 외상의 의미가 만족스럽게 해명되지 않으면, 사태 그 자체는 사회적 승인의 획득을 위한 외상의 실체적 기원으로서 끊임없이 소환되며, (만족스럽지 않은) 의미와 동화되지 않은 실재, 즉 원인 불명의 고통의 지위를 얻게 된다. 정당성을 인정받지 못한 외상은 사건의 사회성과 분리되어 그저 개별적 '상흔'으로 존재하게 되고, 재난이라는 사건 역시 고통과 분리된 앙상한 사태로 남겨진다. 그러므로 고통 또는 '외상'의 참혹성이나 해명 불가능성은 외상적 사건이 사회적 의미 해석과 무관한 실체여서가 아니라, 오히려 외상의 사회적 성격과 정당성, 책임(문화적 가치)의 문제 때문에 발생하는 사회적 증상임을 보여준다. 이런 점에서 '문화적 외상'이란 공적 영역에서 돌봄과 책임, 도덕성과 연대성의 가치라는 우리 사회의 '문화적 문제를 제기하는 외상'이라 할 수 있고, '문화적, 도덕적, 정책적 실패나 성취를 만드는 외상'이라고 말할 수도 있을 것이다.

　사회적으로 승인되지 못하는 외상(적 사건)의 이유와 원인은 고통을 심리적 '외상'으로 축소하고, 해명 불가능하며 무기력한 기분feeling, 정서emotion, 정동affect으로 자연화시킨다. 예컨대, "세월호는 교통사고",[105] "놀다가 죽었다", "홍수는 어쩔 수 없는 천재지변" 같은 발언과 그에 입각한 행정 및 정책은 사건을 사회적 이유와 책임으로부터 분리된 사태(실재론적 실재)로 규정한다. 이는 외상을 생존자가 해명 불가능한 주관적 고통으로 제한하는 사회 한편의 도덕적 감각(문화)과 정치적 실천을 반영한다. 이러한 도덕 감각은 사회적 고통과 사회적 책임을 개별화함으로써, 고통을 사회구조적으로는 '다룰 수 없는'/배상과 심리치료로만 '다룰 수 있는' 외상으로 재배치하고 탈정치화한다. 다시 말하면, 어떤 고통이나 외상의 원인을 '납득 가능하게' 의미화하고 그에 따른 도덕적 책임과 감정적 해소의 문제를 논하지 않는 한, 외상은 '사회적 문제social matter'로서, 실제적으로practically 다루어질 수 있는 '사회적 실재social fact'로서 확립되지 않는다는 뜻이다. 결국, "'외상 경험'은 집단에 가한 고통스러운 피해를 규정하고 희생자를 확인하며, 책임을 귀속시키고, 관념적이고 물질적인 보상을 할당하는 사회학적 과정으로 이해할 수 있다".[106]

외상은 이러한 사회적 과정 안에서 경험되며, 이 과정에서 수행 집단들의 역할이 중요하게 작용한다. 만일 수행 집단들의 무능력한 상호작용과 실천으로 외상이 외상으로 인식되지 못하고 공적 영역에 진입하지 못한다면, 이는 결국 다시 외상의 구성 요인이 되고 만다. 사건의 진실과 피해의 본질을 특정한 방식으로 표현하는 '재현 폭력'이 생존자들의 고통을 악화시키는 것이다.[107]

이제 외상의 치유나 치료는 이 외상을 야기한 사회 자체를 바꿔 나가야 할 과제와 연동된다. "진실을 알 권리와 연구에 입각한 설명적 치유, 인권과 연대에 입각한 관계적 치유의 관점에서 사유되어야" 한다.[108] "피해자가 깊이 상처 입었음을, 그리고 회복의 과정이 오히려 새로운 스트레스를 유발할 수 있다는 것을 사회 전체가 인식하는 것, 그리고 그들이 희망이나 연대감을 느낄 수 있는 비전을 사회가 함께 생각하고 실행해가는 것이 더욱 중요하다."[109] 이때 사회적 추모는 인권 침해 피해자의 권리이자 상징적 배상의 차원을 지닌 치유의 과정이며, 반성과 연대를 창출하는 실천적 방법이다.[110] 이것이 "인권침해 피해자의 권리와 사회적 연대(지지)를 강화하는 '피해자–사회 중심'의 치유 방법론"[111]이다. 이에 따르면, 피해자와 유가족의 경험과 참여권을 존중하여 외상 담론과 치유 과정의 인과적 행위 주체로 포함시켜야 한다. 궁극적으로, 문화적 외상 이론을 통한 세월호 이후의 치유가 "애도의 정치"[112]와 밀접한 연관을 갖는 "재현의 정치"다.[113] 이렇게 문화적 외상 이론은 "보다 폭넓은 공중이 다른 사람들의 고통에 참여하도록 함으로써," "사회적 이해와 공감의 영역을 확대시키며, 새로운 형태의 사회적 결합으로서의 효과적인 길을 제공"하는 것이다.[114]

외상의 사회적 구성 과정은 매끄럽지 않다. 사태 자체와 그것의 상징적 재현(설명) 간의 공백은 공적 영역에서 수행 집단들 간의 정치적 해석투쟁의 장이 된다. 이 해석의 장은 개인의 외상과 사회적 외상, 집단 정체성의 질적 성격을 결정하는 영역이다. 이 공백이 클수록 개인이 감당해야 할 고통의 양질은 심화하고, 사건의 의미가 확정되지 못해 일상은 파괴되며, 사회는 아노미와 정치적, 정책적 실패에 빠진다.

외상의 재현은 외상의 현재적 의미와 외상적 사건(또는 사태 자체)이라는 근거 간의 "의미의 나선", 즉 상호참조적인 해석학적 순환에 좌우된다. 여기에서 사건과 재현(외상) 간의 인과관계는 순차적이고 발전적인 것이 아니라, 상징적이고 심미적이며 "가치부가적value-added"이다.[115] "도덕적 공황이 도덕적 규제를 둘러싼 권력 투쟁을 나타낸다"는 톰슨[116]의 주장처럼, '외상'은 이것의 사회적, 도덕적 의미와 정치적 사실(실재)로 규정하거나 하지 않으려는 은폐된 사회적 권력을 함축하고 있다고 할 수 있다.

5. 나가며: 재난 참사의 고통을 우리 사회의 문제로 끌어오기 위하여

재난 참사는 그것의 실체성만큼이나 문화적 · 감정적 · 도덕적 사건이다. 재난 참사에 의한 고통은 사회적인 재현(의 미화)의 과정을 통해 비로소 '외상'이 된다. 집단적인 의미 부여라는 사회적 재현 또는 퍼포먼스의 과정을 통해 우리는 집단 외부의 재난 사태나 상해를 의식과 정체성 내부의 의미화된 '사건' 또는 '참사'로 인식하며, 개개인의 주관적이고 심리적인 상처나 고통을 집단이 함께 해결해야 할 우리의 '문제'로 비로소 정치화하게 된다. 집단적 대응은 이 외상을 이해할 수 있도록 자기 이해, 정체성을 다시 서사화하는 것이다.[117]

피해자, 희생자, 생존자, 유족이 겪는 사건과 고통은 단지 이들 당사자 개개인의 주관적 · 정신적 · 생리학적 · 자연적 사건과 그에 따른 고통이 아니라, 집단 기억과 사회적 인정 속에서 재현되고 체험되는 사회적인 사건, 사회적인 고통이다. 따라서 우리는 재난 참사와 고통을 해결하고 치유하며 회복하는 데 있어 고통을 개별화하거나 개인화하지 않고 집단적인 문제로, 즉 사회적 인정과 문화적 재현의 문제로 접근해야 한다. 외상은 재난 참사에 대한 사회적 해석과 판단, 책임의 전체 과정(진상규명 등)과 분리될 수 없는 사회문화적 현상이기 때문이다.

외상을 사회문화적 문제로 보고 사회문화적 의미를 부여하기 위해 연대를 조직하고 분투하는 정치적 실천들은 '저 멀찌감치 있는 고통'을 가까이로, 우리 모두의 문제로 끌어오는 작업이다. 고통을 치유하기 위해, 사회의 도덕성과 인권을 구축하기 위해, 인권의 회복을 위해, 심리적 치료가 진정한 치유이기 위해, 더 나은 사회를 위해 우리 사회는 외상을 구성하는 사건의 사회관계적 조건들, 제도적 영역들, 행정적 절차들, 문화적 요인들에 가까이 접근하고 자세히 설명할 수 있어야 한다. 그리고 우리는 그 어떤 외상적 사건의 해결도 사건과 경험에 대한 설득력 있는 서사의 창출과 책무성accountability에 달려 있음을 인식해야 한다. 아울러 피해자와 생존자의 개인적, 심리적 외상이 단지 사태만으로 주어진 당연한 실재가 아니라, 해석투쟁의 정치적 실재임을 인식할 수 있어야 한다. "'설명'은 외상의 회복과 치유 작업의 전제 조건이자 그 핵심적인 동력"이기 때문이다.[118] 외상의 정신적 치료와 외상적 사건의 정책적 해결은 사회·정치적 해결과 동시에 이루어져야 한다. 이는 외상적 사건을 규정하는 모든 과정을 특정한 도덕적 가치로 승화시켜, 특정

111

한 집단정체성의 정당성과 가치규범을 달성할 수 있는지의 성패에 달려 있다. 즉, 지금 우리 사회가 재난과 고통 앞에서 어떤 사회와 국가이며, 또 어떤 사회와 국가여야 하는가라는 물음 말이다.

4장

10.29 이태원 참사에서
법적 책임의 정치적 확장

: 세 편의 탄핵 의견서를 중심으로

조지훈

1. 행정안전부 장관 탄핵 기각 이후,
계속되는 국가의 법적 책임 부인

10.29 이태원 참사에 대한 그간 국가의 대응은 적극적인 책임 회피로 요약된다. 특히 놀라운 점은 역대 재난 참사에서 정부가 보여주었던 조기 수습 의도의 문책성 경질조차 없었다는 것이다. 물론 그러한 경질로 정부가 책임을 다한다고 할 수는 없고, 그런 면에서 문책성 경질은 책임을 회피하기 위한 방편이기도 했다. 하지만 그마저도 이뤄지지 않은 퇴보한 현실 속에서 우리는 재난 참사에 대한 국가의 책임을 물어야 하는 상황에 놓이게 되었다.

따라서 기각된 이상민 행정안전부 장관에 대한 탄핵 청구는 국가에 책임을 추궁하기 위한 최소한의 출발선으로 이해될 필요가 있다. 탄핵은 국회에서 의결된 행안부 장관에 대한 해임건의안이 무시된 상황에서 청구되었다는 점을 기억해야 한다. 대통령실은 국무위원에게 책임을 물을 수 있는 합당한 정치적 절차에 관해 아무런 설명 없이 이를 법적 구속력이 없는 것으로 폄하하고 무시했다. 공직자의 책임은 설명가능성accoutability의 차원에서 답변할 의무가 있음에도 불구하고, 이를 법의 이름으로 거부한 것이다. 이러한 맥락에서 탄핵 청구는 정부를 책임의 자리로 불러내고 설명을 요구하는 최후의 방편이었다.[119] 그러나 이 자리에 남은 것은 정부의 적극적인 책임 회피와 이를 인정하는 헌법재판소의 판결뿐이었다. 이상민 행안부 장관을 포함해 어떤 고위공직자도 자신의 책임을 인정하지 않았다. 물론 몇몇 책임자들에 대한 기소와 징계가 이루어지기는 했다. 이태원 참사 직후 "주최자가 없는 행사"와 "하나의 현상"이라는 발언으로 공분을 샀던 박희영 용산구청장은 업무상과실치사 혐의 등으로 검찰에 의해 징역 7년이 구형되었다.[120] 2024년 1월, 업무상과실치사상 혐의로 재판부에 넘겨졌고 결과가 나오기 전이지만, 김광호 전 서울경찰청장은 국무총리 소속 중앙징계위원회를 통해 정직 처분을 받았다.[121]

하지만 2024년 9월 30일 1심에서 박희영 용산구청장은 무죄를 선고받았고,[122] 재판 중인 이들은 여전히 책임 회피로 일관하고 있다.[123] 탄핵 기각 판결을 받고 업무에 복귀한 이상민 행안부 장관도 이태원 참사 발생 초기 때부터 견지해 온, 책임은 공직에서 사퇴하는 것이 아닌 '그 자리에서 직무를 수행하는 것'이라는 입장에서 한 발짝도 물러나지 않았다.[124]

따라서 법적 책임과 관련된 정부의 태도는 참사 발생 직후부터 현재까지 크게 달라지지 않았다. 법적 책임은 법리상 질 수 없고, 정치적 책임은 자리에서 물러나는 것이 아니라 그 자리에서 직무를 더 열심히 수행하는 것이라는 입장이다. 이러한 상황에서 이태원 참사를 둘러싼 국가의 법적 책임을 묻는 문제는 여전히 중요하다.

물론 이태원 참사의 책임 문제에서 특정 고위공무원의 법적 책임 여부가 가장 본질적인 영역이라고 할 수는 없다. 많은 재난 연구자가 지적한 것처럼, 이태원 참사는 한국사회에서 오래 누적된 재난 참사의 구조적 문제가 반복된 결과다.[125] 따라서 책임 추궁의 정치가 법적 처벌에만 국한되면 재난 참사의 구조적인 발생 요인을 해명하는 데 방해가 될 수 있다. 하지만 "이태원 참사에 대한 사회적 이해와 새로운 의미의 생성이 차단되고 해결 과정이 답보 상태에 놓인 지점"에 바로 정부의 "책임의 부인"이 놓여있다는 점에서, 행안부 장관의 탄핵은 이태원 참사의 구조적 책임을 묻기 위한 출발점이었다고 할 수 있다.[126]

이러한 맥락에서 2023년 7월 25일 헌법재판소의 이상민 행안부 장관의 탄핵 기각 판결을 비판적으로 재검토할 필요가 있다. 법적 책임을 묻는 작업이 실패했음을 받아들이는 것이 아니라, 현행법상 왜 법리적으로 책임을 물을 수 없었는지 따지면서 우리 사회에서 재난 참사 책임 분배의 문제가 어떤 법적 한계에 봉착했는지 드러내야 한다.

더불어 고위공직자들을 과실치사상 혐의로 기소하는 것만으로 재난 참사에 대한 국가의 법적 책임이 다해졌다고 볼 수 있는지 질문할 필요가 있다. 재난 연구자들의 지적처럼 법적 책임의 의미를 법적 처벌로 축소한다면, 이는 개인의 죄를 묻는 데 그치고 정치적 책임으로의 확산을 저해할수 있다. 따라서 이태원 참사의 법적 책임을 묻는 작업은 기소된 혹은 기소되어야 할 고위공직자들의 처벌을 목표로 하는 것만이 아니라, 정치적 책임을 법적 형식으로 다루기 위한 시도여야 한다. 특히 정부가 정치적 책임과 법적 책임을 분리하는 방식으로 재난 참사에 대한 책임 전반을 회피하고있다면, 역으로 우리는 정치적 책임과 법적 책임을 연결하는 방식으로 책임의 의미를 확장해야 하지 않을까?

이러한 문제의식 속에서 탄핵 기각 결정문을 비판적으로 읽기 위해 10.29 이태원 참사 시민대책회의에서 제출한 세 편의 탄핵 의견서를 살펴볼 것이다. 첫째는 이상민 행안부 장관의 법률 위반 여부를 따지는 「법률 위반과 관련된 탄핵 의견서」, 둘째는 생명권 보호 의무와 관련해 어떻게 법적 책임을 물을지 다룬 「생명권과 관련된 탄핵 의견서」, 마지막으로 생명권을 확장된 차원에서 요구하는 「유가족협의회의 탄핵 의견서」가 있다.[127] 이 의견서들은 탄핵 기각 판결 이전에 제출되었지만, 마치 판결의 내용을 예견한 듯 반박의 근거들이 담겼다. 본 글에서는 결정문을 분석하는 과정에서 세 편의 의견서를 비판적 근거로 삼아 논의를 전개하고자 한다.

2. 탄핵 기각 결정문 비판: 헌법재판소가 보여준 법적 책임 회피의 수사학

헌법재판소의 행안부 장관 탄핵 기각 판결은 법률을 위반하거나, 직무수행을 의도적으로 방임 또는 포기하지 않았다는 피청구인 이상민의 주장을 거의 그대로 반복한다. 국회가 이상민 행안부 장관의 탄핵소추 사유로 제시한 헌법, 재난 및 안전관리 기본법(이하 재난안전법), 국가공무원법의 위반 여부는 일절 인정되지 않았다. 헌법재판소(이하 헌재)에 따르면 이상민 장관은 이태원 참사와 관련된 직무[128] 집행에 있어 파면을 정당화할 정도로 중대한 헌법이나 법률 위반을 저지르지 않았다. 이러한 판단을 위해 헌재는 피청구인에게 제기된 쟁점을 ① 사전 예방조치의무 ② 사후 재난대응조치 의무 ③ 참사 이후 발언의 측면으로 나누어 검토한다.

먼저 사전 예방조치의무와 관련해서는 참사 발발 직후 대표적인 책임 회피성 발언이었던 "주최자 없는 행사"라는 표현이 결정문에서 그대로 인용되었다. 이태원 참사가 다중밀집사고로 분류될 수는 있으나 "주최자 없는 행사"이기 때문에 재난안전법에 근거한 적용대상이 될 수 없다는 것이다.[129] 헌재는 이태원 참사기 신종재난이며 일반적인 다중밀집사고로 분류될 수 없다는 이상민 측 주장을 인용하고 다음과 같이 덧붙인다.

> 이 사건 참사 발생 전 우리나라를 비롯한 세계 각국의 압사 사고 사례 대부분이 공연장, 종교시설, 교통시설 등 구조물 내지 시설물과 관련이 있거나 공연, 화재 등 인파의 밀집·흐름을 유인하는 요소가 있던 경우였으며, 대형 다중밀집사고의 발생 이후 비로소 그와 관련한 다중밀집사고 예방 지침 내지 매뉴얼이 구체적으로 만들어진 사례가 있었으나 그 내용도 주최자가 있는 행사나 직접적인 관리자가 있는 구조물 내지 시설물 등과 관련된 것이었다.[130]

이태원 참사는 기존의 다중밀집사고와 달리 구조물이나 시설물과 같은 실내 공간이 아닌 실외 공간에서 발생한 것이기에 '수익성 행사 관리매뉴얼(2005년)', '혼잡경비 실무 매뉴얼(2006년)', '다중운집행사 안전 관리 매뉴얼(2014년)'과 같은 다중밀집사고와 관련된 매뉴얼이 있다고 해도 예방할 수 없었던 재난이라는 것이다. 그러나 이태원 참사가 예측 불가능한 신종재난이라는 시각은 10.29 이태원 참사 시민대책회의(이하 시민대책회의)에서 제출한 「법률 위반과 관련된 탄핵 의견서」에서 이미 반박된 바 있다. 이태원 참사가 기존의 사회재난 유형에 부합하지 않는다는 주장은 재난안전법 제3조 1항에 열거된 사회재난의 예시에 다중밀집 압사가 포함되지 않는다는 것을 근거로 한다. 하지만 「법률 위반과 관련된 탄핵 의견서」는 재난안전법 제3조 1항이 "사회재난의 유형을 한정적으로 열거한 것이 아니라 예시적으로 규정한 것"으로서 이러한 예시에 포함되지 않는 재난을 예방 가능한 사회재난에서 배제하는 것은 허용될 수 없다고 주장한다.[131] 실제로 재난안전법 제3조 제1호를 살펴보면 "사회재난: 화재·붕괴·폭발·교통사고(항공사고 및 해상사고를 포함한다)·화생방사고·환경오염사고 등으로 인하여 발생"[132]한다고 쓰여 있으며, 예시 열거 이후 다수의 예시가 포함될 수 있는 **"등으로 인하여"**라는 표현이 명시되어 있다. 따라서 이태원 참사를 사회재난으로 볼 근거는 충분하다.

그러나 헌재는 재난안전법에 포함된 사회재난의 범위를 축소 해석하여, 피청구인 이상민에 대해 "이 사건 참사와 같은 유형의 재난에 대한 예방·대비 조치를 구체적으로 마련할 것을 기대하기는 어렵다"라고 보았다. 이는 행안부 장관의 책임을 축소하고, 그로 하여금 책임으로부터 자유로워질 수 있게 하는 판단이었다. 그렇다면 앞으로의 재난 참사는 오로지 선례가 있고 예측 가능한, 재난안전법에 명시된 유형의 재난에 대해서만 책임을 물을 수 있는 것인가?[133] 새로운 재난이 얼마나 많은 희생과 피해를 야기하건, 이에 대한 정부의 대응이 얼마나 무능하건 이를 시행착오로만 받아들여야 하는가?

이처럼 헌재는 행안부 장관의 법률 위반 여부 기준을 가능한 최소한으로 낮추는 방식으로 판단한다. 이는 특히 국정조사에서 가장 뜨거운 쟁점이었던 사후 재난대응조치의무와 관련된 판단에서 더욱 노골적으로 드러난다. 국정조사를 통해 잘 알려졌다시피 이태원 참사 대응과 관련된 이상민 장관의 부작위를 추궁하는 데 있어 중요한 쟁점은 참사 당일 중앙재난안전대책본부(이하 중대본)의 설치 지연과 중앙사고수습본부(이하 중수본)의 미설치 문제였다. 「법률 위반과 관련된 탄핵 의견서」에서도 지적하듯이, 재난관리주관 기관의 장은 재난안전법 제15조에 따라 "대규모재난을 효율적으로 수습하기 위하여" 중대본을 설치하고, "재난이 발생하거나 발생할 우려가 있는 경우" 중수본을 설치할 의무가 있다.[134] 그런데 이상민 행안부 장관이 중대본을 설치한 시점은 압사 가능성이 최초로 신고된 시각으로부터 8시간 후, 사망자가 다수 발생한 시각으로부터 4시간 후, 장관에게 보고가 이루어진 이후로는 2시간이 지나서였다. 국정조사에서 이상민 장관은 중대본의 설치가 여부가 "촌각을 다투는 문제가 아니"라고 발언했을 정도로 중대본의 설치 시점을 중요하게 여기지 않았고, 중수본은 아예 설치하지도 않았다. 이상민 장관은 중대본을 확대 운영하였기에 중수본 설치가 필요하지 않았다고 했지만, 시민대책회의가 「법률 위반과 관련된 탄핵 의견서」에서 상세히 설명한 것처럼 중대본과 중수본이 수행하는 기능은 전혀 다르다.[135]

재난의 컨트롤타워 역할을 하는 중대본과 재난의 유형별 특징에 따른 수습 역할을 수행하는 중수본의 부재가 당시 현장에서 얼마나 큰 어려움을 야기했는지는 참사 당일 긴급구조통제단장이었던 용산소방서장의 증언을 통해 충분히 알 수 있었다.[136] 그러나 중대본과 구별되는 중수본 설치의 중요성, 그리고 중대본 "가동 시점"의 중요성은 헌재의 판결에서 완전히 무시된다. 헌재는 중대본의 설치보다는 현장의 긴급구조통제단장을 중심으로 하는 수습을 우선시했다는 행안부 장관의 발언을 인용하여, 긴급구조가 이루어지고 있는 현장의 상황상 피청구인 이상민이 다른 조치에 우선하여 중대본과 중수본의 설치·운영을 쉽게 결정할 수 없었을 것으로 추측한다.[137] 헌재는 참사 당일 상황을 복기해 보면 중대본을 즉각 설치하고 중수본을 운영하는 것이 바람직했을 수는 있지만, "피청구인이 스스로 위와 같은 적극적 조치를 취하지 않은 채 중대본의 운영보다는 실질적 초동대응이 우선되어야 한다고 판단한 것이 현저히 불합리하였다고 단정하기는 어렵다"며 법률 위반이 인정되지 않는 이유를 설명한다.[138] 즉, 중대본이 즉각 운영되었다면 참사 수습에 더 나았을 수도 있겠으나, 그렇다고 해서 이를 즉각적으로 이행하지 않고 초동대응을 우선시했던 이상민 행안부 장관의 판단이 "현저하게 불합리하다고" 볼 수 없다는 것이다.

이처럼 헌재는 이태원 참사 당일 행안부 장관 직무의 불합리 여부를 판단하는 데 있어, 참사 희생자와 유가족 그리고 시민의 관점이 아닌 철저하게 이상민 개인의 주관적 시점에서 접근하고 있다.

이상민의 주관적 시점에 따른 법률 위반 무효 판단은 '참사 이후의 발언'을 다루는 측면에서 절정을 향한다. 탄핵 청구안에서 문제로 제기된 이상민의 발언은 이태원 참사 다음날 취재진의 질문에 "특별히 우려할 정도로 인파가 모였던 것은 아니고 … 경찰이나 소방 인력을 미리 배치함으로써 해결될 수 있는 문제는 아니었다"라고 답변한 것과, 청문회에서 윤건영 위원의 질문에 "이미 골든타임이 지난 시간이었다"라는 답변, 그리고 이후에 사실이 아닌 것으로 드러난 유족 명단을 미리 확보하지 못했다는 발언이다. 일련의 이상민 행안부 장관의 발화행위는 국가공무원법 제63조 품위 유지 의무 위반으로 청구되었다.

헌재는 그의 발화행위가 국가공무원법 제63조를 위반할 정도의 발언인지 판단하기 위해서는 발언의 단편적인 구절이 아닌 "전체적인 내용을 살펴, 문제된 발언 등의 통상적 의미, 용법, 문제된 발언 등이 사용된 문맥과 표현의 전숓 취지" 등을 종합적으로 고려해야 한다[139]고 서술한 다음, 그가 참사 다음날 미리 예상할 수 없고 대처할 수 없었던 "사고"인 것처럼 발언한 것에 다음과 같이 변호한다.

피청구인의 위 발언은 취재기자의 질문에 대하여 대답하는 과정에서 수동적으로 이루어진 것으로, 적극적으로 이 사건 참사의 원인이나 경과를 왜곡할 의도가 있었다고 보기는 어려우며, 피청구인이 취재진에 대한 신속한 정보제공에 무게를 두다 경솔한 발언에 이르렀다고 볼 여지가 없지 않다.[140]

헌재는 이상민 행안부 장관이 기자의 질문에 "수동적"으로 답변하는 상황이었기 때문에, 답변의 내용이 이태원 참사의 원인과 경과에 대한 내용과 상반되는 발언을 했다고 해도 이를 '능동적'으로 참사를 왜곡했다고는 볼 수 없다고 판단한 것이다. 더 나아가, 이상민 행안부 장관의 발언에 대해 그 자신이 명시하지도 않은 "신속한 정보제공"이라는 의도까지 부여하면서, "여지가 없지 않다"는 이중부정의 표현으로 그의 발화행위의 뉘앙스까지 세심하게 해석하고 있다.

헌재의 해석에 따르면 그는 의도적으로 거짓말을 한 것이 아니라 신속한 정보제공을 하다 보니 실수를 범한 것이라는 결론에 이른다. 그러나 이상민 행안부 장관이 참사 초기에 (119 녹취록이 나오기 전까지) 이태원 참사의 구조적 원인을 규명하려는 시도들을 정치적인 왜곡으로 비난했던 점을 고려하면, 과연 헌재의 판단처럼 그의 발화행위가 아무런 의도가 없는 "수동적" 발언이었다고 볼 수 있을까? 이상민 장관의 발언이 이태원 참사를 "우발적 사고" 또는 "하나의 현상"으로 축소하려던 정부 인사 및 국회의원들의 발언과 함께 정부 책임을 부정하는 담론적 효과를 낳았다는 점에서, 이를 실수로 치부할 수 있는지 의문이 남는다.

헌재의 이런 판단은 "골든타임이 이미 지났다"는 발언에 대한 판단에서도 반복된다. 참사 당일의 구조 상황을 복기해 볼 때 이상민 행안부 장관의 골든타임 발언은 부적절하긴 하지만, 그렇다고 해서 이를 참사의 경과에 대한 의도적인 왜곡이라고 볼 수는 없다는 것이다.

> 위 발언은 피청구인의 이 사건 참사 현장 이동이 늦어진 점을 질책하는 국정조사 위원의 질문에 대하여 답변하는 과정에서 수동적으로 이루어진 것으로, 피청구인이 이 사건 참사의 경과를 왜곡할 의도로 위와 같은 발언을 하였다고 보기는 어렵다.[141]

이뿐만이 아니다. 결정문은 이상민 장관 발언의 앞뒤 맥락을 두루 고려해 주면서 "정돈되지 못한 것"일 뿐이지 "스스로 체험한 사실을 기억에 반하여 진술한 것"은 아니라고 적극적으로 변호한다. 국정조사 2차 청문회에서 위증으로 제기된 이상민 행안부 장관의 발언이 "정돈되지 못한 것"이라는 표현은 '재난관리주관기관의 지정'과 관련하여 자신이 재난관리주관기관을 정하지는 않았으나(시행령 위반), 행정안전부가 재난주관기관이 (수동적으로) 되었다는 발언에 대한 설명도 제공한다. 재난 유형에 없는 재난의 경우 행안부 장관이 재난주관기관을 정해야 하나, 자신이 정하지 않았음에도 불구하고 재난주관기관이 행정안전부로 정해졌다는 모순적인 발언은 책임을 회피하기 위한 거짓말이 아니라 정돈되지 못한 발언이라는 것이다. 그러나 헌재가 판단하는 이상민의 "정돈되지 못한", "수동적"인 발언은 그에게 불리한 방향이 아닌 항상 책임을 회피하는 방향으로 이루어진다.

이는 유족 명단 공개와 관련된 발언에서도 마찬가지다. 이상민 행안부 장관은 언론에 유족 명단이 없다고 한 시점에 이미 유족 명단이 포함된 현황 파일을 확보하고 있었다. 그러나 이상민 장관이 현황 파일을 유족 명단으로 보지 않은 "주관적 판단"을 한 것이지 유족 명단을 입수했음에도 이를 부인하는 "기억에 반하는 진술"을 한 것은 아니라고 헌재는 설명한다.[142] 이러한 주관적 판단에 따른 오인은 이상민이 주장하는 것처럼 비서진과의 의사소통 오류로 인한 결과다. 유가족 명단 확보에 대한 행안부 장관의 잘못된 발언에 왜곡 의도가 없었기 때문에 법적으로 위반이라고 할 수 없다는 것이다. 일련의 발화행위가 초래한 결과가 어떻든 간에 그러한 행위들이 기억에 반한다고 할 수 없으면 이를 국가공무원법 제56조 성실의무 위반이라고까지 할 수 없다는 것이 헌재의 판단이다.

이처럼 헌재는 이상민 행안부 장관의 주관적인 입장에서

참사의 "예방을 기대하기는 어려웠고", 중대본 설치 지연이 "현저하게 잘못된 판단은 아니었으며", 그의 발언은 "수동적"인 상황에서 이루어진 "정돈되지 못한" 것으로서 "기억에 반하는" 위증은 아니라는 이유로 탄핵심판 청구를 기각했다. 결정문 후반부에 이르러 헌재는 이태원 참사에 대한 피청구인 이상민의 직무 행태·태도 및 발언이 "재난 및 안전관리에 관한 국민의 신뢰가 현저히 실추되었다고 단정하기는 어렵다"라고 결론짓는다. 국민의 신뢰가 실추되지 않았다고 할 수는 없으나 "현저히" 실추되었다고까지는 할 수 없으므로, 법률 위반으로 탄핵할 정도는 아니라는 것이다.

그러나 이태원 참사와 같은 사회재난에 대하여, 헌재의 판결과 같이 행안부 장관의 책임을 오직 명확한 법률 위반의 차원에서만 묻는 것이 합당한가? 법적 책임은 단지 법률 위반 여부에 따라 부여되는 것일까?

3. 법적 책임의 정치적 확장
: 행위 책임에서 결과 책임으로

　사실 헌재의 이상민 탄핵 기각 판결은 이미 박근혜 탄핵 판결에서 어느 정도 예고된 것이기도 하다. 이상민과 달리 박근혜는 탄핵되었지만, 탄핵 청구 이유로 제시된 '세월호 참사에 대한 국민의 생명권 보호 의무 위반'은 탄핵 요건으로 인정되지 못했다.

　　피청구인은 행정부의 수반으로서 국가가 국민의 생명과 신체의 안전 보호 의무를 충실하게 이행할 수 있도록 권한을 행사하고 직책을 수행하여야 하는 의무를 부담한다. 하지만 국민의 생명이 위협받는 재난상황이 발생하였다고 하여 피청구인이 직접 구조 활동에 참여하여야 하는 등 구체적이고 특정한 행위의무까지 바로 발생한다고 보기는 어렵다. 세월호 참사로 많은 국민이 사망하였고 그에 대한 피청구인의 대응조치에 미흡하고 부적절한 면이 있었다고 하여 곧바로 피청구인이 생명권 보호 의

무를 위반하였다고 인정하기는 어렵다.[143]

대통령에게 국민의 생명권을 보호할 의무가 있다고 하더라도 이를 위한 특정한 행위의무가 부과되지 않는다는 구절은 이상민 행안부 장관 탄핵 기각 결정문에도 그대로 등장한다.

> 국가가 국민의 생명·신체의 안전을 보호할 포괄적 의무가 있다고 하더라도 이것이 곧바로 특정한 수단과 방법을 동원할 의무가 있음을 의미하는 것은 아니다.[144]

헌재에 따르면 행정부의 수장인 대통령은 물론 행정안전부의 수장인 행안부 장관 역시 헌법에 명시되진 않더라도 "기본권 중의 기본권"으로 인정하고 있는 생명권에 대한 보호 의무[145]는 존재하지만, 그렇다고 해서 그에 대한 구체적인 행위의무가 인정되지는 않는다는 것이다. 따라서 두 결정문은 동일하게 재난 참사에 대한 고위공직자의 대응조치가 부적절하고 기대에 미치지 못한 측면이 있다고 하더라도 이를 생명권을 위반할 정도의 작위적인 직무 태만으로 볼수는 없다고 선포한다. 앞서 살펴보았던 헌재의 이상민 탄핵 기각 요건의 기준은 세월호 참사를 탄핵 요건으로 인정하지 않는 박근혜 탄핵 판결에서부터 지속되고 있었던 것이다.

현재 우리의 법체계 내에서는 304명과 159명의 희생자를 야기한 재난 참사가 발생하더라도, 이에 대한 정부 대응이 국민 정서의 기대에 미치지 못하더라도, 고위공직자의 행위 의무가 인정되지 않는 한 이들이 헌법을 위반했다고 볼 수 없고 그리하여 법적 책임을 물을 수도 없다. 하지만 세월호 참사와 이태원 참사에서 연속적으로 드러나고 있듯이 재난 참사와 관련된 고위공직자들은 법적 책임뿐만 아니라 정치적 책임도 지지 않았다. 즉, 우리 사회에서 재난 참사에 대한 책임은 고위공직자들에게 법적이든 정치적이든 전혀 분배되지 않은 것이다.

　이러한 헌재의 판결은 보충의견에서도 반복된다. 두 결정문의 보충의견 모두 법정의견과 달리 피청구인의 국가공무원법 제56조 성실의무 위반을 인정하지만, 이러한 사실이 생명권 보호 의무의 위반으로는 볼 수 없다며 소수의견이나 반대의견으로까지 나아가지 않는다. 보충의견까지 검토한다고 해도 헌재가 성실의무 위반과 행위의무 위반을 완전히 분리하고 있다는 것을 알 수 있다.[146] 그리고 성실의무 위반은 헌법 제7조 "공무원은 국민 전체에 대한 봉사자이며, 국민에 대하여 책임을 진다"가 아니라, 국가공무원법 제56조인 "모든 공무원은 법령을 준수하며 성실히 직무를 수행하여야 한다"에만 한정되는 것이고, 그리하여 성실의무 위반이 헌법의 위반으로 이어지지는 않음을 헌재의 두 결정문은 잘 보여주고 있다.

그러나 설령 성실의무 위반이 헌법 위반으로 인정된다 하더라도, 책임을 묻는 항목이 이걸로 충분할까? 핵심은 오히려 생명권 보호 의무 위반에 대한 책임이 전혀 인정되지 않고 있다는 점이다. 이상민 장관 탄핵 기각 결정문에서도 생명권 보호 의무와 관련된 내용은 거의 찾아볼 수 없다.[147] 행안부 장관의 구체적인 행위의무가 특정되지 않기 때문에, 그의 직무가 "전적으로 부적합하거나 매우 불충분"하지는 않았다는 것이 판결 내용의 전부다. 이는 세월호 참사 관련된 재판에서도 마찬가지였다. 여객선의 선장과 선원들은 유죄 판결을 받았으나, 구조에 실패한 국가는 말단 공무원을 제외하고 대부분 면책되었다. 법적 책임에서도 그 항목은 제한적이었다. 구조 실패는 업무상과실치사상죄로, 진상 규명을 방해한 행위는 공문서허위작성과 직권남용 등으로 물었을 뿐이다.[148] 세월호 참사에서 이태원 참사까지 크고 작은 재난이 다수 발생했음에도 불구하고, 현재 우리의 법체계 내에서는 재난 참사와 관련한 공직자들의 불충분하고 부적절한 대처를 생명권 보호 의무 위반으로 묻지 못하고 있는 것이다.

이러한 맥락에서 헌법학자 한상희의 초안으로 작성된 시민대책회의의 또 다른 탄핵 의견서, 「생명권과 관련된 탄핵 의견서」의 책임론에 주목할 필요가 있다.[149] 이 탄핵 의견서는 우선 재난 참사의 책임을 묻기 위해 정치학자 아이리스 매리언 영Iris Marion Young의 '구조적 부정의' 개념을 끌어온다.

아이리스 영이 정의하는 '구조'란 "과거의 한 행동과 과거에 내렸던 결정이 누적되어 물질세계에 흔적을 남긴" 것[150]으로서 개인들의 행위를 제약하는 제도적·사회적인 규칙이다. 따라서 구조적 부정의란 개별 행위자의 잘못이 아닌, 허용된 규칙·규범의 범위 안에서 집합적인 행위자와 제도가 상호작용한 결과로 나타난다.[151] 이러한 관점에서 「생명권과 관련된 탄핵 의견서」는 재난 참사 역시 특정 개인의 잘못이 아닌 구조적 부정의의 결과로 정의한다. 현대 사회에서의 재난, 특히 사회재난은 단순한 불운으로 받아들여야 할 문제가 아니며, 몇몇 개인의 부작위에 의해 벌어지는 범죄라고도 할 수 없다. 이를 집단적인 리스크 관리의 실패로 나타난 구조적 부정의의 문제로 봐야 한다는 것이다.[152] 이를 통해 이 의견서는 개별적인 행위에서 집합적인 결정으로 책임 소재의 초점을 이동시키고 있다.

흥미로운 점은 이러한 초점 이동을 통해 법적 책임과 구분되는 정치적 책임을 개념화하는 아이리스 영의 시도와 달리 법적 책임의 의미를 확장하는 방향으로 이론을 전개한다는 것이다. 아이리스 영은 책임을 법적 책임 모델과 사회적 연결모델로 구분하면서 개별 행위자의 특정 과실 행위를 지목하는 법적 책임의 한계를 명확히 비판한다. 법적 책임 모델은 구조적 부정의를 특정 개인의 책임으로 고립시켜 책임의 사회적 확산을 막는다는 점에서 문제가 있다는 것이다.[153] 따라서 아이리스 영은 구조적 부정의를 야기한 과정에 직간접적으로 연결된 집합적 행위에 초점을 맞춰, 사회적 연결모델로 정치적 책임 개념을 정초하고자 한다. 아이리스 영에 따르면 정치적 책임은 법적 책임과 구분되어 "광범위한 국민 대중에게 영향을 끼치는 조치나 사건에 관해 공적인 자세를 취하고 거대한 해악이 발생하는 것을 막기 위해 집단행동을 취하고자 노력"하는 것으로 정의된다.[154]

「생명권과 관련된 탄핵 의견서」는 아이리스 영의 구조적 부정의 개념에 동의하면서도 법적 책임 모델과 사회적 연결 모델이라는 이분법적 구분을 받아들이지 않는다. 이러한 이분법은 법적 책임과 정치적 책임을 분리시키는 시도로 이어져 법적 책임을 정치적 책임으로 물을 여지를 만들지 못한다. 따라서 의견서는 법적 책임의 근거를 개인의 행위로 삼는 것을 넘어서, 정책적 결정을 법적 책임의 근거로 삼을 것을 제안한다.[155] 즉, 행위 책임과 구분되는 결과 책임을 근거로 해야 법적 책임을 정치적 책임의 차원에서 물을 수 있다는 것이다.

만약 헌재가 행위 책임이 아닌 결과 책임을 기준으로 이상민 행안부 장관의 생명권 보호 의무 위반 여부를 판단한다면, 그 결과는 완전히 달라질 수밖에 없다. 판단의 기준이 헌법에 명시되지 않은 구체적인 행위의무가 아니라 정책적 결정에 따른 결과가 되기 때문이다. 따라서 헌재의 판결처럼 이태원 참사와 관련된 이상민의 직무가 국민의 기대에 미치지 못했지만 현저히 헌법을 위반하지는 않았기 때문에 면책되는 것이 아니라, 기대에 미치지 못한 그 결과 자체로 책임을 물을 수 있게 되는 것이다. 더구나 이 대형 참사가 세월호 참사가 발생한 지 10년도 채 지나지 않아 다시 발생했다는 점에서, '기대에 미치지 못함'은 더욱 엄중한 기준으로 적용될 필요가 있다. 이러한 기대는 아주 높은 수준의 기본권 보호 의무를 요구하는 것이 아니라, 헌재도 인정한 "기본권 중의 기본권"인 생명권에 대한 기대를 의미한다. 따라서 재난 참사가 다시 발생할 경우 정부에게 생명을 보호받기를 기대할 수 없다는 한탄은 단지 수사적인 표현이 아니라 법적 현실에 대한 언표이기도 하다.

물론 법적 논리는 현실 논리와 다르기 때문에, 사회적 요구에 따라 기존의 판례를 쉽게 뒤집는 방식으로 판결을 내릴 수 없다고 주장할 수 있을 것이다. 이태원 참사 발생 직후 윤석열 대통령이 법적 책임을 "딱딱 물어야 한다"고 한 발언도 이러한 기존 법적 체계에 근거했다고 볼 수 있다. 즉, 생명권 보호와 관련하여 재난 참사의 결과 책임을 묻는 것은 법적 체계 바깥의 논리를 무리하게 적용하려는 '비법학적인' 시도로 비판받을 가능성이 있다.

그러나 우리 법체계 바깥으로 시선을 돌리면 이를 단지 비법학적인 시도로 폄하할 수 없다. 유럽인권재판소의 판례들은 우리 헌법재판소가 최소한의 보호조치를 취하는 데 그치는 "과소보호금지원칙"을 판단의 기준으로 삼는 것과 달리, 엄격한 심사 기준을 적용하여 국가의 보호 의무 위반 책임을 광범위하게 인정한다.[156] 즉, 유럽인권재판소는 유럽인권협약 제1조의 보장secure이라는 표현과 제2조 생명권의 명시를 통해 생명권을 침해하지 않을 소극적 의무뿐만 아니라 생명권을 보호하기 위한 적극적 의무도 인정한다.[157]

예를 들어, 유럽인권재판소는 2004년 튀르키예의 쓰레기 매립장 메탄가스 폭발로 무허가 건물에 살던 39명이 목숨을 잃은 참사에 대해 튀르키예 정부가 생명보장 의무를 위반한 것으로 판단했다.[158] 그 기준으로 ① 국가가 메탄가스 폭발의 발생 가능성을 인식하고 있었음에도 충분한 예방조치를 취하지 않았다는 것 ② 무허가 건물이라 하더라도 국가가 이들의 존재를 인지하고 있었다는 것 ③ 매립장 근처 주민들에게 위험에 대한 정보를 충분히 제공하지 않았다는 것 ④ 사고의 원인과 책임자 처벌을 위한 조사가 이루어지지 않은 것을 들고 있다. 튀르키예 정부는 국가의 생명권 보호 의무가 지나치게 확장되었다고 반발했으나, 유럽인권재판소는 생명권 보호 의무의 기준을 "실천적이고 실효적인 것practical and effective"으로 제시하며 이를 기각했다. 유럽인권재판소가 또 다른 판례에서 생명권 보장에 대한 의무의 기준을 "실효적인 사법체계effective functioning legal system"로 제시한 것에서도 알 수 있듯이 한국 헌법재판소의 소극적인 기준과 크게 다르다.[159]

또한, 이는 앞서 언급한 결과 책임이 유럽인권재판소에서는 생명권 보호 의무에 대한 책임의 근거로 제시되고 있음을 보여준다. 유럽인권협약 2조에 따르면 생명권 보호 의무의 기준은 단지 "개인의 생명권을 보호하는 권한을 가진 기관이 적절한 조치를 취하지 아니한did not take"것에서 그치지 않고, 그러한 기관의 조치가 결과적으로 이루어지지 않아 "실패했다는 사실failed to take"을 요건으로 하고 있다.[160] 즉, 유럽인권재판소에서 생명권 보호 의무로 제시하는 기준인 "failed to take"가 전제하는 책임 개념은 다름 아닌 결과 책임이다. 따라서 결과 책임은 법적 책임 바깥에 있는 책임 개념이 아니라 단지 우리의 법적 체계 내에서 보기 힘든 책임이라는 편이 정확하다.

   그런데 우리의 법적 체계 내에서도 결과 책임을 충분히 제기할 수 있는 근거가 있다. 생명권 보호 의무에 대한 책임은 민법이나 형법이 아닌 헌법 차원에서 제기되기 때문이다. 헌법은 실정법 중 최고의 지위를 지닌 법으로서 "정치 공동체의 법적 규율을 위한 특정한 원리를 지향하는 근본적 규범"[161]일 뿐만 아니라, "정치권력의 구성에 관한 기본적 법규범"[162]으로서 국가에 책임을 부여할 수 있는 근거이기도 하다. 따라서 헌법적으로 책임을 묻는 것은 특정한 국가정책단위에 소속된 개별 공무원의 행위 책임만이 아니라, 국가정책단위가 내린 정책적 결정에 대한 책임도 포함된다. 즉, 이상민 행안부 장관에게 헌법적으로 책임을 물을 때는 그의 개별적인 법률 위반뿐만 아니라, 시민의 생명과 안전을 책임져야 하는 행정안전부의 정책적 결정에 대한 책임을 묻는 것이 우선시되어야 한다. 따라서 정치권력 구성의 규범으로 헌법을 받아들인다면, 이상민 행안부 장관에 대한 탄핵심판은 이상민 개인의 법률 위반 여부가 아닌, 시민으로부터 결정권을 위임받은 행안부 장관의 직무 결과에 대한 책임을 묻는 자리여야 했던 것이다.

이처럼 「생명권과 관련된 탄핵 의견서」는 정치권력 구성의 규범인 헌법의 차원에서 아이리스 영이 구분한 법적 책임과 정치적 책임의 이분법을 해체하고, 정치적 책임을 법적 책임의 형식으로 물을 수 있는 근거로 정책 결정에 대한 결과 책임을 제시한다. 이러한 이론적 전개는 법적 책임의 정치적 책임으로의 확장이라는 차원에서도 중요하지만, 구조적 부정의로서의 재난 참사에 대한 법적 책임을 정치적 책임과 분리하는 시도에 이견을 제시한다는 점에서도 의미가 있다. 아이리스 영의 구도에 따라, 재난 연구자들은 대개 재난 참사의 진상 규명을 특정 개인에게 집중시킨 책임자 처벌보다는 사회구조적 원인을 짚어내는 것이 중요하다고 강조한다.[163] 이러한 주장은 한국사회에서 재난 참사에 대한 법적 책임 추궁의 과정이 가해자를 찾는 서사로 일면화하는 경향이 있다는 점을 고려할 때 매우 타당하다.[164] 재난 참사의 책임자를 특정 개인으로 한정하는 것은 "정부의 책임 회피 논리를 전도된 형태로 반박"하는 것으로써, "재난에 다수의 행위자가 관련되어 있고, 특정 책임자를 지목하지 못할 수 있다는 이해를 약화"시킬 뿐만 아니라 "특정 개인의

잘못으로만 원인을 한정하는 것은 몇몇 책임자를 시스템 바깥으로" 배제하는 결과를 초래한다.[165]

문제는 재난 참사의 책임을 특정 개인으로 지목할 수 없다는 논리가 탄핵 기각 결정문에서 다시 전도된 형태로 등장했다는 것이다.

> 돌이켜 보건대, 이 사건 참사는 어느 하나의 원인이나 특정인에 의해 발생하고 확대된 것이 아니다. 종래 재난안전법령상 주최자 없는 축제의 안전관리 및 매뉴얼의 명확한 근거규정이 마련되지 않았고, 각 정부기관이 대규모 재난에 대한 통합 대응역량을 기르지 못했으며, 재난 상황에서의 행동요령 등에 관한 충분한 홍보나 교육, 안내가 부족하였던 점이 총체적으로 작용한 결과이므로, 규범적 측면에서 그 책임을 피청구인에게 돌리기는 어렵다.[166]

물론 결정문에 언급된 복수의 원인은 재난 연구자들이 강조하는 구조적 원인과 질적인 차원뿐만 아니라 사실관계의 문제에서도 동일한 수준이라고 보기 어렵다. 그러나 어설프더라도 구조적 책임에 대한 강조가 법적 책임의 회피 논리로 전유되는 것은 충분히 문제적이다. 따라서 국가의 법적 책임 회피 논리를 막기 위해서라도, 법적 책임을 사회적 연결모델에 기반한 정치적 책임과 개념적으로 분리할 것이 아니라, 정치적 책임을 법적 책임과 연결시켜야 한다. 구조적 부정의를 초래한 결정에 대한 책임을 기존의 법규범에 명시된 행위 책임이 아닌 결과 책임으로 묻는 방식으로, 정책 결정자를 국가정책단위에 소속된 한 개인이 아닌 그 정책단위의 대표로서 책임을 물어야 한다. 이상민 행안부 장관에 대한 탄핵 청구는 행정안전부를 대표한 그의 직무에 대한 책임추궁이었던 것이다.

이러한 행정안전부에 대한 책임추궁은 다름 아닌 수많은 재난 참사를 방기한 국가를 향한 생명권의 요구이기도 하다. 즉, 공직자들에 대한 응징과 복수로서의 정의를 요구하는 것이 아니라, 재난 참사를 예방하여 생명권 보호 의무를 관철하고 안전사회로 나아가기 위한 이행기 정의를 국가에게 요구한다고 할 수 있다.[167] 따라서 단지 재판에서 승리하는 것에 그치지 않고 생명권에 입각한 재난 참사의 책임을 묻는 선례를 만들어야 비로소 법적인 형식으로 국가에 생명권 보호 의무를 요구할 수 있게 된다. 그러므로 재난 참사의 관점에서 이상민 탄핵 기각은 박근혜 탄핵에 이은 두 번째 실패로 법체계의 한계를 수용하고 체념할 사안이 아니다. 오히려 생명권 보호 의무 요구를 적극적으로 쟁취하기 위한 법적 투쟁의 기점이 될 필요가 있다. 이상민 탄핵 기각 판결은 재난 참사를 둘러싼 투쟁 속에서 반복되지 말아야 할 판례로 부단히 언급되어야 한다.

4. 애도가능성의 평등으로서의 생명권에 대한 요구

이처럼 재난 참사에 대한 국가의 법적 책임을 적극적인 생명권의 요건으로 물을 때 정치적 책임으로 한발 더 나아갈 수 있다. 그런데 생명권의 요구가 단지 생명권 보호 의무의 요구로만 한정될 수 있을까? 앞서 언급한 것처럼 헌법재판소는 생명권을 "헌법에 명문의 규정이 없다 하더라도 인간의 생존본능과 존재목적에 바탕을 둔 선험적이고 자연법적인 권리로서 헌법에 규정된 모든 기본권의 전제로서 기능하는 기본권 중의 기본권"으로 정의한 바 있다.[168] 즉, 생명권은 자연법적인 권리로서 인간의 생존을 바탕으로 하는 다른 기본권의 조건이 되는 기본권이다. 그렇다면 이미 생명이 박탈된 이후의 존재에 대한 권리를 주장하는 것도 생명권의 이름으로 가능한가? 생명체의 생명이 박탈되어 죽음에 이르게 되었을 때, 그 죽음을 훼손하지 않고 사회적으로 가치 있게 애도할 권리는 어떻게 인정받을 수 있을까?

이처럼 죽음과 관련된 생명권 박탈의 문제가 마지막으로

검토할 「유가족 협의회의 탄핵 의견서」에 중점적으로 제기된다. 「유가족 협의회의 탄핵 의견서」는 앞서 검토한 두 의견서가 상대적으로 덜 지적한 희생자의 죽음 이후 국가의 무책임한 대응에 관해 전면적으로 다룬다. 따라서 재난 참사의 예비와 대응 과정보다는 희생자의 수습 과정과 참사 발발 이후 정부의 대응이 보여준 피해자의 권리 훼손 문제를 강하게 규탄하고 있다.

앞서 언급했듯이, 국회 청문회뿐만 아니라 심지어 탄핵 결정문에서도 이태원 참사 당일 재난 참사의 컨트롤타워가 제대로 작동하지 않았다는 사실이 쉽게 확인된다. 「유가족 협의회의 탄핵 의견서」는 이러한 컨트롤타워의 부재가 구조 작업뿐만 아니라, 이미 생명이 박탈된 희생자들에게도 얼마나 큰 문제를 야기했는지 잘 보여준다. 유가족들은 제때 참사와 관련된 소식을 듣지 못했고, 희생자의 시신이 이송된 병원의 정보를 제대로 전달 받지 못했다. 또한 유가족이 희생자의 시신을 찾는 과정에서 경찰은 실종신고의 원칙만을 강조하며 사무적인 태도를 보였다. 의견서의 주장처럼 "정부가 원칙을 지키려고 했는데 미진함이 있었던 게 아니라 애초에 원칙 없이 수습하다가 혼란과 고통을 가중"시킨 것이다.[169] 생명권의 보호 의무가 살아있는 생명에 한정될 수 없음을 유가족들은 다음과 같이 호소한다.

이미 사망했다고 판단되는 사람들은 길바닥에 버려져도

되는 걸까요? 가족이 애타게 찾고 있는데 정부 마음대로 여기로 보냈다가 저기로 보냈다가 해도 되는 걸까요? 생명이 끊어졌어도, 우리 아이들, 사람이었습니다. 희생자를 수습하는 역할을 행정안전부가 했어야 합니다.[170]

이러한 방기에 가까운 희생자 수습 과정과 대비되게 국가는 참사 발생 12시간도 지나지 않아서 국가 애도 기간을 선포한 바 있다. 이러한 국가의 관제 애도에 대한 비판은 이미 여러 차례 제기된 바 있다.[171] 「유가족 협의회의 탄핵 의견서」는 관제 애도가 희생자들의 죽음과 유가족들의 고통에 얼마나 무관심했는지, 실제로는 애도가 아닌 애도의 박탈로 다가왔는지를 잘 보여준다.

우리 유가족 중 많은 사람들은 정부가 분향소를 차린 줄도 몰랐습니다. 장례 마치고서야 알게 돼서 찾아간 사람도 있습니다. … 문제는 우리에게 아무런 의견도 묻지 않았고 아무런 안내도 하지 않았다는 데 있었습니다. 국가애도기간을 정하고 분향소를 설치했다고 들었을 때는 그래도 우리 아이들을 추모할 수 있게 해주려는 줄 알았습니다. 그게 아니었습니다. 희생자의 추모받을 권리도, 유가족의 위로받을 권리도 정부의 관심사가 아니었습니다. … 국가애도기간이 끝났으니 추모는 더 이상 필요 없다는 분위기도 만들어졌습니다.[172]

이러한 관제 애도는 희생자 관점에서의 애도를 박탈하고 국가가 이를 주도하여 이태원 참사에 대한 책임을 축소하려는 선제 대응만은 아니었다. 문화연구자 정원옥에 따르면 관제 애도는 유가족들과 시민들이 함께 애도하고 행동하는 것을 가로막는 바리케이드 역할까지도 수행했다.[173] 이러한 관제 애도만큼 문제적이었던 것은 국가 애도 기간 선포와 함께 재빠르게 채택된 정부의 유가족 보상금 지급이었다. 이는 희생자들에 대한 진정한 애도나 생명권의 인정과는 거리가 먼 정책이었다.

우리는 영수증을 빨리 제출하라는 재촉 전화를 수시로 받았습니다. 우리가 비용을 요청하는 것도 아닌데 정부가 지원한다는 일방적 발표로 오히려 비난은 우리가 받고, 관에서는 서류 제출하라고 재촉하는 전화만 오니 화가 나지 않을 수 없었습니다. 그렇게 전화를 하는 동안 이태원 참사와 관련해 상황이 어떻게 진행되고 있는지 알려주는 적이 한 번 없었습니다. 아이들 구급일지를 받을 수 있는지, 다른 유가족들 연락처를 받을 수 있는지 물어보면 제대로 대답 한 번 듣지 못했습니다. 우리가 받은 공문이나 전화 연락에서 유가족에 대한 배려를 한 번도 느끼질 못했습니다. 속을 긁어놓지 않으면 그나마 다행이었습니다.[174]

관료들의 배려 없는 태도도 문제적이지만, 근본적인 문제는 이태원 참사를 보상으로 해결하려고 했다는 데 있다. 법적으로 보상은 "국가 또는 단체가 적법한 행위에 의하여 국민이나 주민에게 가한 재산상의 손실을 갚아 주기 위하여 제공하는 것"이고 배상은 "남의 권리를 침해한 사람이 그 손해를 물어 주는 것"으로서, 보상과 배상은 불법성의 여부에 따라 그 용법이 나뉜다. 이러한 의미에서 보상은 국가가 윤리적으로 우월한 위치에서 배분적 정의를 실현한다는 것으로, 국가의 불법성을 인정하거나 피해의 원상회복을 약속하는 것이 아니다.[175] 따라서 재난 참사에 대한 국가의 생명권 보호 의무가 인정되지 않는 현행 법체계 내에서 배상금이 아닌 보상금의 선제적 지원은 법적 책임 회피와 맞물린다고 할 수 있다.

이처럼 유가족들이 탄핵 의견서를 통해 문제 제기하는 지점은 생명권의 보호 의무라는 말로 한정되지 않고, 죽음에 대한 사회적 인정을 다루는 애도의 권리라는 차원에서 제기되고 있음을 알 수 있다. 그러나 이러한 애도의 권리가 단지 죽은 희생자들을 애도할 권리에 국한된다고 볼 수는 없다. 철학자 주디스 버틀러Judith Butler는 애도의 권리의 문제를 "애도가능성grievability[176]의 평등"이라는 정치적 상상계로 확장하며, "죽은 사람이 애도받는 것과 그 사람이 살아 있는 동안 애도가능성을 인정받는 것"은 다르다고 지적한다.[177] 애도의 권리가 '지금 애도받아야 하는 모든 죽음의 평등'으로 한정된다면, 애당초 애도가능성이 차별적으로 분배되는 방식을 문제 삼을 수 없다. 애도의 권리가 단지 죽은 자를 애도할 권리로만 남게 되면, 특정 생명의 죽음 이후 남은 생존자들이 애도라는 의례를 수행할 권리로 굳어지기 때문이다. 그러나 애도의 권리가 애도가능성의 평등으로 제기된다면, 이는 죽은 자를 애도할 권리뿐만 아니라 그 생명이 살아 있을 때도 애도받을 만한 생명으로 인정된다는 것을 의미한다. 따라서 버틀러에 따르면 재화나 자원의 불평등한 분배를 이야기할 때와 마찬가지로 애도가능성의 불평등에 대해서도 논할 수 있다. 애도라는 의례가 불평등하게 수행되는 차원이 아니라, 어떤 생명에게는 애도가능성이 부여되고 다른 생명에게는 그렇지 않은 인구학적 분할의 차원에서 문제를 제기하는 것이다.[178]

그런데 이러한 애도가능성의 인구학적 분할은 단 한 차례로 끝나지 않는다. 애도가능성의 분할은 동일한 생명체 내에서도 끊임없이 재분할된다.

생명의 가치를 산정하는 차별적 방식의 바탕에는 생명의 애도가치를 등급화하는 암묵적 평가 도식이 있다. 어떤 사람들은 어마어마하게 높은 등급을 받지만, … 어떤 사람들은 거의 눈에 보이지도 않는다. … 그리고 대단히 많은 사람들은 어떤 프레임 안에서는 가치를 크게 인정받지만, 다른 프레임 안에서는 사라진다(가치를 기껏해야 불안정하게밖에 인정받지 못하는 생명). 사람에 따라서 애도가치의 등급이 다르다고 주장하는 것도 가능하겠지만, 그런 주장의 틀로는 한 사람의 애도가치의 등급이 바뀌는 경우를 설명할 수 없다(예컨대 누군가의 생명이 특정 커뮤니티 안에서는 적극적 애도 대상인데 비해 지배적인 국가적 국제적 프레임 안에서는 전혀 인지되지 않고 인지될 수도 없는 경우).[179]

애도가능성의 평등에 대한 요구는 특정한 인구 집단에 국한된 것이 아니다. 예컨대 시민이 아닌 자들에게도 애도받을 권리가 있음을 인정하라는 요구뿐만 아니라, 버틀러가 언급한 대로 "그 사람이 **지금 죽든 언제 죽든** 죽었을 때 애도받을 만하다"는 것에 대한 요구이기도 하다. 따라서 애도가능성의 평등은 특정 생명이 죽음에 이르게 된 상황과 시기를 막론하고 애도받을 권리가 있다는 주장을 내포한다. 이처럼 애도가능성의 평등 안에서 애도의 권리는 생명권과 결합될 수 있다. 생명권이 모든 기본권의 조건이 되는 기본권으로서 삶의 기본적인 권리라면, 애도가능성의 평등은 이러한 삶의 가치를 죽음과의 관계 속에서, 즉 그 생명이 박탈되었을 때 언제든 애도받을 수 있다는 가능성 속에서 가능되는 규범이다. 이 점에서 생명권은 애도의 권리와 연결되는 규범으로 확장될 수 있다.

어떠한 죽음도 보호받을 권리가 인정되는 규범으로서의

애도가능성의 평등은 희생자들을 향한 2차 가해성 발화행위들에 대한 유가족의 호소에서도 그 필요성이 여실히 드러난다.

> '2차 가해'가 무엇인지 참사를 겪으면서야 정확히 알게 되었습니다. 그것은 피해자에게 모든 책임을 떠넘기는 것이었습니다. … 우리는 행정안전부 장관이 TV에 나와 '이태원 참사는 희생자들의 잘못이 아니다. 놀러갔든 무슨 일로 갔든 비난해서도 안 되고 함께 추모해주길 부탁한다.' 한 마디만 했어도 달라졌을 거라 생각합니다. 하지만 우리가 겪은 국가는 전혀 달랐습니다.[180]

유가족이 호소하는 2차 가해는 단지 희생자와 피해자에 대한 혐오 표현에 그치지 않는다. 2차 가해는 일차적으로 행안부 장관의 발언과 같은 정부의 책임 회피성 발언에서 비롯된다. 즉, "핼러윈이라는 무절제한 축제"에 참가하여 "놀다가 죽은"이라는 발언은 희생자들에 대한 2차 가해 프레임을 형성하며, 이는 정부의 책임 회피성 발화행위 속에서 수월하게 확산될 수 있었다.[181] 이러한 맥락에서 이상민 행안부 장관의 발언이 "기자의 질문에 대답하는 과정에서 수동적으로 이루어진 것으로서 신속한 정보제공에 무게를 둔 경솔한 발언"이라는 헌재의 판결이 유가족의 시각과 얼마나 동떨어져 있는지를 잘 보여준다. 헌재는 행안부 장관의 발화행위에 대해 '정보 제공'이라는 단순한 발화 수반적 의미만을 부여했으나, 이 정보 제공이 초래한 발화 효과, 즉 정부의 책임 회피와 그로 인해 야기된 2차 가해 발언의 생산에 대해서는 전혀 고려하지 않았다.

이처럼 「유가족 협의회의 탄핵 의견서」는 다른 의견서들과 달리 행안부 장관의 법적 의무 위반을 구체적으로 따지고 있지는 않다.[182] 그보다는 수습 과정과 애도의 권리라는 차원에서 법적 의무와 생명권 보호 의무에서 충분히 제기될 수 없는 문제를 호소하고 있다. 이는 희생자의 수습 과정과 정부의 대응 과정에서 폭력이 어떻게 반복되고 있는지에 대한 증언이기도 하다. 유가족들은 애도의 박탈을 통해 국가폭력을 경험하며 다음과 같이 고발한다. "참사 이후 우리가 만난 국가는 차라리 거대한 폭력이었습니다."[183]

5. 나가며: 약속의 위반, 국가의 헌법에 대한 거짓맹세 앞에서

철학자 자크 데리다Jacques Derrida에 따르면 책임은 단지 죄를 묻는 것이 아닌 타자에 대한 "응답가능성responsabilité" 속에서 규정된다.[184] 따라서 책임은 법조문과 같은 계약서를 따지는 문제가 아니라, 타자에 응답하기 위해 민감성을 키우는 문제다.[185] 이때의 민감성은 단순히 타자가 존재한다는 사실에 대한 반응이 아닌, 타자의 고통에 대해 응답할 수 있는 능력이다.[186] 그리고 이러한 책임 개념은 법학자 마가렛 데이비스Margaret Davies에 따라 법적 타자에 대한 응답을 함축한다. 법적 타자는 한편으로는 법으로부터 보호받지 못한 고통을 호소하는 타자이자, 다른 한편으로는 구조적 부정의를 규탄하며 현행하는 법체계에 도전하는 세력들의 힘이다.[187]

따라서 법적 책임은 법적 타자에 대한 응답으로서 법 경계선의 해체까지 요구할 수 있다. 예컨대 애도의 권리가 생명권과 결합한 애도가능성의 평등으로 제기될 때, 이는 기존의 생명권 보호 의무를 넘어서는 요구가 된다. 생존의 보장만이 아닌, 죽음에 이르게 될 경우에도 애도할 만한 생명으로 인정되기를 요구하는 것이다.

이러한 맥락에서 유가족이 이상민 행안부 장관의 탄핵 요건으로 제시하는 것은 법률 위반 여부보다 일상적이고, 어찌 보면 근원적인 차원에서 시민의 생명을 지키겠다는 국가의 약속을 향한다.

> 우리나라가 우리를 지켜주는 나라일 것이라는 믿음, 우리 헌법이 우리의 존엄을 약속하고 있다는 믿음이 무너졌을 때, 우리는 이것이 우리만의 문제가 아님을 깨닫게 되었습니다. [188]

이처럼 생명을 지켜주리라는 믿음에 대한 배반, 데리다라면 위증 또는 거짓맹세parjure라고 불렀을[189] 국가 스스로 자신의 맹세를 어긴 것에 대한 위반이 바로 탄핵 요건이다. 유가족들은 재난의 원천적인 부정을 요구하지 않는다. 모든 재난이 구조적 부정의이기 때문에 재난이 일어나는 것을 절대로 인정할 수 없다는 것이 아니다. 재난 예방을 위한 충분한 노력을 기울이고, 그럼에도 불구하고 재난이 발생할 경우 우리 사회에서 희생자들을 더 충분히 애도하고 기억하여, 안전사회로의 이행을 위한 약속의 계기로 자리매김할 수 있기를 희망하는 것에 가깝다.

현대 사회에 재난이 없을 수 없습니다. 누군가 죽고 다치는 일이 또 어디선가 생길 수 있습니다. 하지만 대한민국이 국민의 생명과 안전을 지켜주리 라는 믿음이 무너지지 않는다면 우리는 안타까운 마음으로 애도하면서도 다시 살아갈 힘을 얻을 수 있을 겁니다. 그런 믿음을 무너뜨리는 것은 국가를 무너뜨리는 것과 다르지 않습니다. 그렇게 무너진 국가는 사고가 나지 않을 때조차도 재난 중인 것과 다를 바 없습니다. 우리는 서로 믿고 도우며 살 수 있는 나라를 바랍니다. 그것이 헌법이 기대하는 국가의 모습일 것입니다. 이상민 행정안전부 장관을 파면하여 우리가 다시 살아갈 수 있게 해주시기 바랍니다.[190]

이러한 맥락에서 헌재의 결정문에 등장하는 "기대에 미치지 못한"다는 표현은 부족한 대처가 아닌 '믿음에 대한 배반'으로 읽어야 한다. 연거푸 일어나는 믿음에 대한 배반, 헌법을 지키겠다고 한 국가의 거짓맹세를 추궁해야 하는 것이다. 하지만 헌재의 판결에서 이러한 책임 추궁은 불발되었고, 이는 재난 참사에 대한 정부의 책임을 인정하지는 않는 연이은 판결들로 이어지고 있다. 행안부 장관 탄핵이 기각되어 재난 참사가 계속 일어난다는 식의 인과적 설명은 합당하지 않겠지만, 적어도 이로부터 재난 참사에 대한 국가의 책임을 어떻게 구성할 것인지에 대한 논의가 차단된 것만큼은 분명하다. 그리하여 재난 참사에 대한 국가의 법적 책임을 인정하지 않는 판결들로, 애도가능성의 평등을 요구하는 시민들의 기대가 계속해서 좌절되고 있다. 생명권을 지키겠다는 국가의 맹세가 거짓임이 드러난 또 하나의 중요 사례로서 헌재의 탄핵 기각 판결이 우리 앞에 놓여 있다.

5장

10.29 이태원,
재난은 어떻게 서사화되었나[191]

: 국가주의 재난서사 비판

전주희

1. 재난을 부정하는 재난서사

사상자가 백여 명이 넘는 대규모 사고는 이론의 여지 없이 재난이자 참사로 인식된다. 그러나 이태원 참사의 경우는 달랐다. 서울 한복판에서 159명이 사망하고 197명이 다친 대규모 압사 사고가 있었고 참사 동영상이 즉시 유포되었다. 위태롭게 유동하던 인구들이 어느 순간 거대한 프레스기기에 압축되듯 엄청난 압력에 짓눌리는 장면, 한쪽에서 이미 압사가 발생하고 다른 한쪽에서는 다급한 구조와 심폐소생을 하던 혼란스러운 장면이 거의 실시간으로 공개되고 반복됐다.

누가 봐도 명백한 참사였다. 지상파 방송, 종합편성채널, 보도 전문채널은 참사가 발생한 30일 자정을 전후해 속보 체제로 전환했으며, 새벽에 사망자가 늘자 뉴스 진행자는 검은색 정장을 입었다. 일부 공중파 방송사는 참사 다음 날까지 광고 방송을 전면 중단했다. 예능프로그램과 스포츠 중계 등이 결방되었다.

서울시는 10월 31일부터 모든 자치구에서 합동분향소를 운영했다.[192] 합동분향소와는 별개로 시민들은 이태원역 1번 출구에 국화꽃을 들고 모였다. 윤석열 대통령은 참사 다음 날인 30일부터 일주일간 '국가 애도 기간'을 선포했다.

그러나 다른 한쪽에서는 '명백한 참사'를 부정하는 서사가 만들어졌다.

이태원 참사의 실상을 자세히 들여다보기 위해 반드시 물어야 하는 물음들, '누가, 어디서, 어떻게, 왜'와 같은 형태의 사회적 소통은 '참사의 정쟁화'라는 비난과 함께 거부되었다. 이태원이라는 장소와 핼러윈이라는 시간이 교차하면서 "놀다 죽은"이라는 서사가 우선 당도했고, "주최자 없는 행사"를 지적하며 '법의 미비이지만, 그래서 불가피한'이라는 전문가들의 의견이 보태졌다. 세월호 참사 초기에는 그래도 추모와 애도가 한동안 지속됐다. 그러나 이태원은 초기부터 달랐다.[193] 마치 정권을 위협하기 위해 이태원 참사가 발생하기라도 한 것처럼 정치권의 반응은 방어적이고 신경증적이었다. 재난에 대한 국가의 책임을 묻기 전에 국가의 책임 없음이 선제적으로 유포됐다.

모든 재난서사에는 특권화된 기억과 소외된 기억이 동시에 존재한다.[194] 이태원 참사 역시 개별적이고 단편적인 기억 중 일부가 공적인 기억으로 구축되며 재난서사를 만든다.[195] 이러한 과정은 재난에 대한 애도와 책임의 방식을 둘러싸고 시민사회와 국가권력 사이에서 벌어지는 갈등과 투쟁을 포함한다.

이태원 참사의 경우 정부는 재난을 부정하는 서사를 적극적으로 생산했다. 핵심 매개는 '국가 애도 기간'이었다. 이태원 참사를 구성하는 재난서사에서 특징적인 것은 한국사회에서 반복되는 '국가의 실종'을 중심으로 한 재난서사에 대항해 국가 주도의 관료 시스템이 재난 상황을 통제하고자 강박적인 국가주의 서사가 강조되었다는 점이다.[196] 이는 재난에 대한 국가 책임의 귀속이 아니라 역으로 재난에 대한 체계적이고 증상적인 부정의 방식으로 국가주의 서사가 주도적으로 구축된 것이다.

이태원 참사는 초기에 세 가지 방향으로 서사화되었다.

첫째, "놀다가 죽었다"는 식의 서사를 통해 재난의 사사화privatization가 이뤄졌다. 이 서사는 가장 강력하기에 가장 오래 남아있는 서사이며, 나머지 재난 부정의 서사들과 손쉽게 연결되어 국가 책임의 부정을 정당화한다. '국가 애도 기간' 선포는 이러한 재난 부정 서사를 해소하기는커녕 재난 부정 서사를 증폭하는 기제가 되었다. '놀다가 죽었다'는 서사는 홍수나 산불과 같은 자연재해처럼 재난을 정형화하거나, IMF 위기와 같은 '국난' 정도여야 국가적 재난으로 간주될 수 있다는 위계를 전제한다. 즉 재난을 전형화하면서 '잠재적 위험이 대응 역량의 한계를 넘어서는 상황'이라는 재난의 포괄적 범주를 암묵적으로 축소한다. '놀다가 자기들끼리 엉켜 발생한 사고'는 우발적인 사태에 불과하므로, 국가가 책임져야 할 참사가 아닐뿐더러 원인을 규명할 구조적 결함이 있는 것이 아니다.

둘째, "전 국민의 트라우마를 관리해야 한다"라는 주장이 심리 전문가 집단에 의해 제기되면서 애도의 의료화가 이뤄졌다. 참사 다음 날 아침까지 제한 없이 유포된 적나라한 참사 영상들에 즉각적인 제동을 건 것은 한국심리학회, 한국트라우마스트레스학회와 같은 심리학 전문가 집단들이었다. 무분별한 영상 유포를 금지하는 등의 언론 보도 지침을 제기하고, 피해자 · 생존자에 대한 혐오 공격 중단을 촉구하며 목격자 · 구조자 · 생존자 등의 트라우마를 제기한 것은 시의적절했으나, 이태원 참사는 어느새 '전 국민'을 트라우마로 몰아넣은 사건이 되었고,[197] 애도를 '심리치료'의 문제로 제한했으며, 재난의 실상을 명료하게 인식하려는 노력과 주장에 '트라우마'라는 가이드라인이 세워지는 결과를 낳았다. 이 틈을 타 진상규명을 요구하는 목소리가 '참사의 정쟁화'라며 '국가 애도 기간'의 침묵을 순수한 애도의 수행으로 규정하는 정치권의 목소리가 거세게 제기되었다.

더 나아가 한국심리학회는 10월 30일 성명서를 통해 "지역에 대한 편견 및 혐오 방지를 위해 본 참사를 10.29 참사로 부르고자 합니다"라며 이태원이라는 사건의 장소를 삭제할 것을 제안했다. 이에 11월 6일 MBC에서 "특정 지역의 이름을 참사와 연결 지어 위험한 지역으로 낙인찍는 부작용을 막기" 위해 '10.29 참사'라는 용어를 쓰겠다고 밝혔

다. [198,199]

셋째, "주최자 없는 행사"라는 이유로 개인에게 책임을 전가하면서 재난이 자연화되었다.

정부의 주요 재난 책임자들은 한국적 재난서사에서 반복되었고, 세월호 참사 이후 강화된 '국가 부재' 서사에 대한 맞대응으로 '주최자 없는 행사', 제도와 시스템으로 관리할 수 없는 자연적인 "현상"으로 서사를 구축했다. 10월 30일 이상민 행정안전부 장관의 "경찰이나 소방 인력을 미리 배치함으로써 해결될 수 있었던 문제는 아니"라는 말, 10월 31일 박희영 용산구청장이 언론을 향해 "이건 축제가 아닙니다. 축제면 행사의 내용이나 주최 측이 있는데 내용도 없고 그냥 핼러윈 데이에 모이는 일종의 어떤 하나의 '현상'이라고 봐야 되겠죠"라고 했던 것이 대표적이다.

피해자의 얼굴과 재난의 장소가 지워지고 재난이 자연화되는 와중에 피해자의 영정을 둘러싼 논란이 일었다. 참사 초기 모든 논란과 논쟁을 관통하는 것은 '애도의 의료화와 피해의 비가시화'였다. 전 국민이 너무나 명백한 재난 현장을 목격한 뒤, 재난 피해의 구체적인 상황은 사라지고 국가애도 기간과 합동분향소 같은 국가적 의례가 그 자리를 대체했다. 피해자와 생존자의 목소리와 얼굴은 전 국민 트라우마와 2차 피해의 사회적 우려 속에 좀처럼 드러나지 못했고, 대통령과 정부 주요 관료들의 추모 장면이 이를 대신했다.

'참사'를 '사고'로, '희생자'를 '사망자'로 표현하고, '뒤집힌 검은 리본'[200] 등 논란이 끊이지 않는 사이, 시민언론을 표방하는 '민들레'와 '더탐사'가 이태원 참사 희생자들의 명단을 공개해 이를 둘러싼 사회적 논란이 일었다.[201] 진보적인 지식인과 시민들조차 참사의 이름에 이태원이라는 지명을 삭제해야 한다거나 영정이 없는 애도도 가능하다는 식의 입장을 내놓기도 했다.

11월 22일 유가족들이 처음으로 희생자들의 사진을 들고 공개 기자회견을 열었다. 이 자리에서 유가족은 "전문가들이 '동의 없는 명단 공개는 2차 가해'라고 했다. 그 전에 우리 동의 없는, 위패 없고 영정 없는 분향소 또한 2차 가해였다. 그 점에 대해 전문가들은 한마디도 없었다"라며 오열했다.

희생자들의 이름과 얼굴을 삭제한 채 이뤄진 관제 애도에 대해 피해자들이 자신들의 목소리를 집단으로 내기까지, 시민사회는 '2차 피해'와 '트라우마'라는 서사에 대항하는 서사를 구축해 내지 못했다.

이태원 참사는 그보다 앞선 대구지하철 참사, 삼풍백화점 참사, 세월호 참사보다 재난을 재난으로 인식하는 서사화 시간이 압축적이었다. 명백한 사건의 현장이 적나라하게 공개되었음에도 사고 성격상 장기간의 구조 과정은 존재하지 않았다. 빠른 수습과 함께 재난 현장은 신속하게 정리되었다. 동시에 역대 참사보다 가장 빠르게 재난 부정 서사가 구축되었다.

2. 실패의 봉합과 국가주의 재난서사의 반복

국가주의 재난서사

　서사narrative의 문학적 정의는 '서술자가 어떤 사건의 전개 과정을 개연성 있게 전달하는 양식'이다. 사람들에게 큰 충격을 주는 사건일수록, 우리는 사건을 조각난 형태로 받아들인다. 그것이 파편적 이미지이건 정보이건 '사건 전체' 혹은 '사건의 진실'은 언제나 직접 주어지지 않는다.

　그 때문에 사고가 국가가 책임져야 할 사회적 재난으로 인식되기 위해서는 부분적이고 파편적인 정보들을 개연성 있게 연결해 주는 서사가 필요하다. 명백하다기보다는 다소 느슨하게 유도된 인과관계로서 개연성은 파편화된 정보의 틈을 불안정하게 연결시키는 상호적 소통 행위에 의해 구성된다.[202]

　서사란 일종의 "의사소통"이고 송신자와 수신자를 전제한다. 그렇지만 이러한 소통은 서사를 둘러싼 권력장 안에서 이루어지며 송신자와 수신자 간의 불균등한 관계 역시 고려되어야 한다.

중요한 점은 서사가 구성되기 위해 청중의 참여가 필요하다는 점이다. 시모어 채트먼은 자칫 간과할 수 있는 청중의 역할을 강조한다. "청중들은 다양한 이유로 인해 언급되지 못한 채 지나가 버린 필수적이거나 그럴듯한 사건들, 특성들, 대상들로 빈틈을 채워 넣어야 한다. … 이처럼 그럴듯한 세부들을 채워 넣는 독자의 능력은 두 점 사이의 무한한 파편적 공간들을 인식할 수 있는 기하학자의 능력처럼 사실상 무한하다."[203]

재난에 있어 서사를 주도하는 권력[204]은 주로 서술자, 송신자의 위치에 있다. 그러나 이들이라고 해서 모든 서사의 공백을 메울 수 있는 것은 아니다. '국가 애도 기간'을 선포하는 정당성과 '주최자 없는 행사라 책임이 없다'는 변명 사이의 모순적 공백은 듣는 사람이 어떤 식으로든 메울 수 있다. 이태원 참사에 있어 서사의 큰 갈림길은 그것을 '책임 회피'의 논리로 수용하는지, 국가 차원의 '합리석 정당방어'로 이해하는지의 차이로부터 비롯된다. 그리고 이렇게 구축된 재난서사는 재난을 반복적으로 기억하는 일차 재료이자, 재난의 전 과정(순간적 사건 이후 빠른 구조와 수습 국면을 지나 장기간에 걸쳐 광범위하게 이뤄지는 연속적 피해와 회복의 과정)에 대해 국가의 책임과 과제를 설정하는 주요한 사회적 근거가 된다.

국가의 입장에서 재난과 전쟁은 폭력을 독점할 수 있었던 근대국가에 정당성 위기를 초래하는 사건이다. 그러나 전쟁과 달리 '적'을 규정할 수 없으므로, 특정 인물을 겨냥하는 범죄화 서사를 구축하기 위해 세부적 사실들을 끝도 없이 폭로하는 플롯을 구축하거나,[205] 재난 자체에 국가 폭력이나 국가 책임과 같은 위상을 부여하지 않는 방식으로 서사화하며 국가 정당성의 위기를 극복해 왔다. 즉 재난은 국민의 생명과 안전을 책임져야 할 기존의 법과 제도가 작동 오류를 일으키는 지점에서 발생하며, "일반적으로는 보이지 않았던 공동체의 내적 증상이 돌발적으로 외부화된 것"[206]이다. 제도에 따른 절차적 해결 불능의 자리를 정치의 말과 행위가 대신하며, 재난이 국가 위기로 전환되는 것을 제어하고 갈등을 해소한다. 이 과정에서 재난의 민주적 해결보다 국가적 위기 극복이 우선할 경우 국가주의 이데올로기가 전면화하며, 재난에 대한 국가의 정당성을 정상화하기 위해 다양한 서사의 형태가 활성화된다. 이를 통해 '국가주의 재난서사'가 구축되는데, 이는 국가 정당성 수호를 위한 '자기방어적' 국가주의 이데올로기 강화에 이바지한다.

주디스 버틀러에 따르면 '자기방어'의 논리야말로 폭력과 이에 대항하는 대항폭력을 정당화하며 폭력을 순환시킨다. 자기방어의 논리는 타자의 공격을 전제하고 자신을 보호하기 위해 '나'가 행사하는 폭력을 정당화한다. 그뿐만 아니라, 나의 폭력은 타자의 폭력에 대한 '방어'라는 논리가 피해와 가해의 위치를 역전한다. 버틀러는 이를 벤야민의 개념을 빌려 "폭력의 환등상phantasmagoria"이라고 설명한다.[207]

국가가 재난에 방어적인 태도를 보이는 데에는 문제 해결을 회피하려는 소극적 대응 이상의 의미가 있다. 이태원 참사의 경우처럼 진상규명의 요구를 정권의 위협으로 간주하고 이에 방어적으로 대응하는 경우, 국가는 매우 구조적이고 체계적인 폭력을 재난 피해자에게 가하게 될 뿐만 아니라, 재난의 피해와 가해의 위치를 역전시킨다. 책임 회피와 동시에 재난 해결의 주체로 전면에 등장한 국가는 지극히 온정주의적인 모습으로 재난 피해의 범주를 결정한다.

따라서 우리는 재난 시기의 국가주의적 이데올로기가 포착하는 다양한 서사 형태들을 분석해야 하며, 이로부터 피해자와 시민의 권리라는 차원에서 은닉되어 온 대항적인 재난서사의 복원 방도를 찾아야 한다. 이를 통해 민주주의에 재난을 연결하는 데 소홀했던 과거를 성찰하고, 재난의 민주화를 위한 정치적 논의를 활성화할 계기를 발견할 수 있을 것이다. 또한, 국가주의 이데올로기에 포획되어 있었던 '생명과 안전'이라는 이념 역시 민주화할 실천의 장을 마련할 수 있을 것이다. 현대 사회에서 기후위기뿐만 아니라 다중적인 위험의 급증은 더욱 민주화된 생명과 안전의 이념을 필요로 하기 때문이다.

재난의 '희생양' 만들기를 통한
재난의 사사화, 사소화

재난의 원인을 규명한다는 것은 위험과 위기를 관리하는 법과 제도, 매뉴얼과 그 작동성을 포함한 재난 대응 시스템의 실패를 드러내는 것이다.[208] 즉 재난의 원인 규명은 '실패'를 드러내고 사회적으로 실패를 등록해 위험을 둘러싼 사회적 논의를 확장하는 것을 의미한다. 또한 '과거 청산'과 같은 수준에서 위험이 해결되고 갈등이 해소되는 것이 아닌 위험을 둘러싼 복잡성과 갈등을 더 전면화하는 출발점의 의미가 있다.

그러나 한국사회에서 재난의 원인은 제대로 규명되지 않았고, 제대로 조사되지 않았다. 2016년 '세월호 참사 특별조사위원회 안전사회소위원회'는 역대 재난을 기록한 정부 기록물(백서)을 분석했다.

> 대형 재난에 대한 종합적인 검토와 성찰을 담고 있는 공식적인 재난보고서는 사실상 존재하지 않는다. 중앙정부와 지방정부, 검찰 등 조사기관, 시민사회단체 등 여러 곳에서 재난보고서를 작성하였으나 대부분 자신들의 활동을 정리·홍보하는 데 치중되어 있다.[209]

불충분한 진상조사는 재난을 '불운'한 것으로 서사화한

다. 재난을 실패의 관점에서 파악하지 않고 '불운의 극복'으로 서사화하기 위해서는 재난의 원인과 책임을 특정한 인물에게 전가하는 것이 효과적이다. 재난을 신속하게 봉합하기 위해서라도 재난의 원인에 대한 반복적인 질문과 규탄('어떻게 이런 일이 일어날 수가!')에 대응해 일종의 '희생양'을 만들어야 한다.

대구지하철 참사의 경우 이전 참사보다 더 적극적으로 특정 인물에게 가해서사가 집중되면서 과잉되었다. '정신질환자에 의한 방화'와 '마스콘키master controller key를 빼고 도주한 기관사' 서사가 중심이었다. 언론은 당시 방화를 저지른 '김 아무개'가 뇌 질환으로 거동이 불편하고 말이 어눌하다는 이유로 정신질환자라고 보도했고, '정부는 정신질환자를 관리해야 한다', '정신질환자를 관리하지 않은 국가의 책임' 등의 여론이 들끓으면서 정신장애인에 대한 과도한 비난이 일었다. 뒤이어 140명의 사망자가 발생한 1080호 전동차의 기관사에게 여론이 쏠렸다. 승객들이 전동차에 갇혀 탈출하지 못한 채 사망했기 때문에 '기관사가 마스콘키를 빼고 도주해 갇힌 승객들이 사망했다'라는 내용이 집중적으로 보도되었고, 법적 처벌 역시 업무상과실치사상죄로 최고 형량(5년)을 받았다.[210] 참사의 모든 책임은 '정신질환자'와 '기관사'에게 돌려졌다.

세월호 참사가 발생하자 '대구지하철 참사의 기관사'는 다시 호출된다. 세월호의 선장과 대구지하철 기관사가 등치되며 참사 초기 세월호 선장에게 모든 책임이 전가됐다.

배 버린 선장과 먼저 탈출한 기관사― 두 사건이 대형참사로 이어진 배경에는 '나만 살겠다'고 도망친 선장과 기관사가 있었다. 세월호 선장은 해상교통관제센터(VTS)로부터 탈출 준비 지시를 받은 뒤에도 승객들을 대피시키기는커녕 가장 먼저 배를 버리고 달아났다. 배가 침몰하는데도 "제자리에 가만히 있으라"는 안내방송이 선내에 흘렀고, 그 사이 선장과 항해사 등은 탈출했다. 차분하게 안내방송에 따랐던 승객들은 구조의 손길조차 받지 못한 채 차디찬 바다 아래로 가라앉았다. 외신들은 그를 '세월호의 악마'라고 불렀다.

11년 전 대구지하철 참사 때도 그랬다. 당시 방화로 불이 났던 1079호 전동차 기관사는 승객들에게 "안에서 대기하라"는 방송을 해 초기 탈출 기회를 앗았다. 반대편 1080호 전동차 기관사는 전동차 안으로 연기가 들어오자 출입문을 닫은 후 마스터키까지 뽑고 탈출했다. 이 때문에 승객들은 원인도 모른 채 메케한 연기를 마시며 숨져갔다. ("'나부터 살자' 승객 버린 선장·기관사 '닮은꼴 人災'", 매일신문, 2014.4.25.)

이러한 가해서사는 이태원 참사에서도 반복된다. 2022년 11월 7일 이태원 참사 관련 국회 현안질의에서 국민의힘 국회의원 장제원은 이임재 용산경찰서장을 향한 비난 여론을 더욱 강화하는 발언을 쏟아낸다. "관할서장인 용산경찰서장 이임재, 이분의 수상한 행적은 미스터리 수준이에요. 참사를 고의로 방치한 거 아닌가, … 이건 과실치사를 넘어 참사 방조, 구경꾼, 살인방조 세월호 선장보다 더하면 더했지 덜하지 않은 사람이다, 이렇게 생각합니다. … 이임재 미스터리 푸는 게 진상규명의 첫 번째다"²¹¹라는 것이다.

이러한 비난은 이태원 참사 국정조사 과정에서 반복되는데, 국민의힘 의원들은 특히 이임재 용산경찰서장과 박희영 용산구청장, 그리고 닥터카 논란을 일으킨 신현영 더불어민주당 국회의원에 비판과 질의를 집중했다.

또한, 참사 초기 시민운동 진영에서 주요 정부 책임자에 대한 책임을 묻는 과정에서도 세월호 선장 비유는 반복된다. "용산경찰서장, 서울경찰청장, 경찰청, 행안부 장관, 용산구청장, 서울시장으로 이어지는 지휘 체계의 혼란에 대해선 정치적 책임과 형사 책임을 물어야 할 것"이라며 "현 정부가 세월호를 버리고 떠난 선장, 박근혜 정부와 무엇이 다른가?"²¹²라고 발언한 사례가 그것이다.

재난에 대한 구조적 원인 규명이 이뤄지지 않은 채 반복적으로 재난이 발생하면 재난은 '이해할 수 없는 사건'으로 인식된다. 즉 재난을 이해할 수 있는 공공의 사회적 기억이 부재한 상황에서 재난은 쉽게 잊히며, 또다시 재난이 발생하면 재난을 이해하는 틀이 재난의 경험과 함께 등장한다.

한편에서는 재난을 그저 '교통사고'와 같은 우연, 대수롭지 않은 개인의 불운으로 치부하거나 재난 피해자에 대한 과도한 동일시가 이뤄진다.

'재난'의 당사자로 자신을 위치 지으며, 재난의 사회적 의미와 구조적 원인보다 재난을 야기한 인물에 대한 보복에 도덕적 정당화를 향하게 한다. 피해자와 동일시 차원에서 서사를 추동하는 것은 '그날', 그리고 예측하지 못했던, 철저하게 끔찍한 폭력으로서 재난의 경험이다. 특정 인물에게 과잉된 책임과 비난을 귀속시키는 것은 분명 매력적인 서사다. 의심할 여지 없이 이러한 재난서사는 중층적인 원인이 복잡하게 얽혀있는 이야기보다 듣기에 더 편하다. 동시에 이러한 재난서사로 인해 우리는 재난에 대해 더 광범위한 설명을 구성하고 말하고 전달해야 하는 책임성에서 손쉽게 면책된다.

일인칭 중심의 피해서사와 국가화

20세기 후반부터 트라우마 이론은 우리 삶에서 일어나는 극단적 폭력이나 테러, 재난과 같은 사건을 이해하는 틀이 되어 왔다. 그중 주류 이론으로 자리매김한 것은 '사건 중심 트라우마 이론'으로, 이에 따르면 트라우마는 '단 한 번의 이례적 대참사'를 주체가 적절하게 대응하지 못할 때 생겨난다. 이는 피해 생존자의 경험 구조를 드러내 준다는 점에서 주목되지만, 우발적이고 예외적인 사건에 무방비로 노출된 피해자 위치에 집중하면서 폭력의 구조적 원인을 간과하고, '고통 수기' 중심의 피해서사로 재난서사를 과잉화하는 문제가 있다.[213]

이러한 일인칭 중심의 재난서사는 피해-가해의 이분법으로 재난서사를 납작하게 만들 뿐만 아니라, 참사 희생자들의 고통을 침묵과 수동성의 상태로 끌어내리기 위해 고통의 담론이 활용되며, 희생자에 대한 담론이 오히려 희생자를 지우고 부당함을 은폐하는 데 사용되기도 한다. 이 경우 피해와 가해의 위치는 손쉽게 뒤바뀌는데, 이러한 이분법에 기초한 트라우마 모델이 국가 이데올로기로 활용되면 국가는 참사 피해자의 위치를 탈취하게 된다.

9·11 테러 당시 미국 부시 정부는 일인칭 서사의 시점에서 미국을 피해자로 위치 짓고, 9·11 테러의 모든 책임을 이슬람 테러국에 전가하며 미국인의 분노를 투사해 '테러와의 전쟁'을 선언했으며, 9·11 테러에 대한 비판적 분석을 검열하고 통제했다.[214] 또한, 일본의 3·11 재난에서는 '재난=국난'으로 등치시켜, 재난서사를 국난 극복의 서사로 구성해 내고 재난에 대한 국가 책임 대신 국가를 중심으로 한 국가 통합 서사가 형성되었다.[215]

버틀러는 이러한 일인칭 서사를 "거대한 나르시시즘적 상처에 대한 보상으로서의 서사 형식"[216]으로 정의하며 우리 사회의 취약성이 공개적으로 드러난 것에 대해 국가의 '리

더십'으로 전환하고, '자기방어'의 논리로 폭력을 순환한다
고 비판한다. 재난의 경우 9 · 11처럼 국가 간 전쟁으로 전
환되지는 않으나 '우발적이고 예측할 수 없는 재앙', '재난을
일으킨 가해자', '국가 주도의 재난 극복 서사'로는 국가 실
패와 책임을 묻기 어려울 뿐만 아니라, 피해자와 가해자의
이분법에서 벗어난 다른 방식의 사회적 책임을 적극적으로
고민할 여지가 매우 협소해지는 상황이 반복된다.

"불의의 재난에 모두가 힘을 모으자", 국민 성금과 국가 애도

　이처럼 국가화된 재난서사가 구성되기 위해서는 '수습과
복구'를 중심으로 재난에 대한 공식 기억이 구성되며 전 국
민적인 자선 활동이 적극적으로 동원된다. 이는 재난에 대
한 '선별적 망각'을 통해 완성되는데, 참사의 희생자를 사회
적으로 구성해 내는 과정에서 고통의 담론이 특정하게 사용
되며, 타인에 대한 취약성과 온정을 도덕적 의무로 강제하
는 인도주의적 규범이 강화된다.
　한국사회에서 재난이 발생할 때마다 반복되는 국가 주도
의 '국민 성금 운동'은 재난=국난으로 전환하려는 시도에서
적극적으로 배치됐다.

1993년	서해훼리호 침몰	96억 원
1994년	성수대교 붕괴	6억 8,500만 원
1995년	삼풍백화점 붕괴	서울시 20억 1000만 원 서초구 9,800만 원
1995년	대구 상인동 지하철 공사장 가스 폭발 사고	192억 원
2003년	대구지하철 참사	669억 원
2010년	천안함 침몰	672억 원
2014년	세월호 참사	1,273억 원
2018년	포항 지진	384억 원
2019년	강원도 산불	560억 원
2020년	코로나19	2,822억 원 * 2020년 8월 11일 기준

[표] 역대 재난 참사 국민 성금 현황

통상 공동체 문화의 해체와 개인주의의 강화로 이해되는 사회 흐름과는 달리 재난 관련 국민 성금액은 점차 증가해 왔다. 특히 대구지하철 참사 국민 성금이 669억 원, 세월호 참사는 1,273억 원을 기록했고, 코로나19로 인한 성금은 2,000억 원을 넘어서면서 역대 최고액을 기록했다. 국민 성금이 점차 증가한 데에는 유가족들의 활동이 적극적으로 이뤄진 대구지하철 참사와 세월호 참사의 영향을 포함해 재난에 대한 사회적 공감대와 인식이 확산하면서 '안전 담론'이 국가적으로 수렴되는 경향이 반영됐다고 볼 수 있다.

그러나 모든 재난이 국민 통합의 서사로 활용되는 것은

아니다. 재난이 국가화될 때 재난의 위계화가 이뤄진다. 가령 대구지하철 참사 당시 국민 성금 모금은 민·관이 적극적으로 주도했다. 당시 김성호 보건복지부 장관과 최학래 전국재해구호협회장은 참사 이틀 뒤에 공동기자회견을 열어 "우리 국민은 불의의 재난이 있을 때마다 모두가 나서 불행을 당한 이들에게 삶의 힘과 용기를 주었다"[217]고 모금을 독려했으며, 각 신문사와 방송사를 통해 20일간 모금 현황을 대대적으로 홍보하고 목표 금액을 200억 원으로 제시했다.

반면 1999년 인천 인현동 화재 참사의 경우, 행정자치부는 내부 회의에서 "공동 모금 방법으로 모금할 시 시민들의 호응도가 낮을 것으로 예상해 교육청을 중심으로 학생들 스스로 모금하는 방법(1인당 1,000원 검토)"[218]을 검토, 추진한다. 재난에 대한 사회적 관심 정도에 따라 국민 성금 모금액, 목표액, 기간, 모금 방법 등이 모두 정부에 의해 주도되고 실행되는 것이다.

이러한 국민 성금은 국가 위기 극복 및 일상 회복을 위한 조기 수습의 정당성을 뒷받침한다. 또한, 국가 차원의 책임과 배상의 문제를 대체하며 재난 피해자들에 대한 시민적 공감과 애도를 대체하는 '자선의 담론'을 확산한다. 아울러 허술한 모금액 사용 기준과 절차 때문에 유가족 단체들이 보상액 사용을 둘러싼 내분을 겪기도 하는데, 이러한 유가족 내부의 갈등은 시민들의 지지를 철회하게 하며 국가와 재난 피해자와의 갈등이 피해자 내부의 갈등으로 이동하게 한다.

이러한 보상 프레임이 국가 통합서사로 작동하는 데 균열이 발생한 시점은 세월호 참사부터다. 2014년 4월 26일 한국PD연합회는 KBS가 계획한 세월호 모금방송에 대해 "재난사고 성금 모금은 해당 재해의 일차적인 수습이 완료된 뒤에나 가능하다. … 사태 수습 과정에서 나타난 정부의 무능과 일부 정치인의 비상식적 언행으로 여당과 청와대에 대한 비판이 날이 갈수록 거세지는 시기에, 모금방송이 정치적으로 악용될 소지마저 있다"[219]라는 비판 성명을 발표했다.

이틀 뒤인 4월 28일에는 표창원 당시 범죄과학연구소장이 "모든 종류의 성금과 모금에 반대합니다. 취지의 순수성은 의심하지 않습니다. 하지만, 진실 발견과 책임 소재의 명확화, 그에 따른 처벌과 배상이 먼저입니다. 책임자 탈탈 다 털고 나서, 성금 모금합시다. 성금 모금은 책임 덜어줄 수 있습니다"라는 입장을 SNS를 통해 공개했고, 많은 언론이 이를 앞다투어 보도하기도 했다.[220]

이러한 비판은 세월호 참사 유가족들에 의해 제기되면서 확산했는데, 4월 24일 정홍원 국무총리가 성금 모금을 지시하자 유가족들은 "우린 성금 모금을 바라는 것이 아니다. 아이들 사지가 멀쩡할 때 끌어내는 것이 먼저다"라고 비판했다.[221]

세월호 참사에서 성금 모금을 활용한 국가주의 재난서사에 대한 비판이 일어났지만, 이태원 참사에서도 국가 주도의 국민 성금 모금 운동이 기획되었다. 경찰청이 참사 이틀 만인 10월 31일 작성한 문건('정책 참고자료')에 따르면 정부는 보상금 관련 갈등을 사전에 해소하고 국민 애도 분위기를 유지하기 위해 국민 성금 모금을 검토했다.[222] 그러나 문건의 언론 유출과 경찰의 시민단체 정보 수집 등에 대한 비난으로 성금 모금은 진행되지 않았다. 대신 행정안전부는 참사 이틀 뒤에 '사망자 장례비 최대 1,500만 원 지급, 이송비용 지원, 부상자에 대해 건강보험 재정으로 실 치료비 우선 대납, 유가족·부상자에 대해 구호금과 세금·통신요금 등 감면 또는 납부 유예' 등을 발표하는데, 이는 즉각 유가족은 물론 또 다른 반발을 일으켰다. 이태원 참사의 세금 지원을 반대하는 국회 국민동의청원이 일어나면서 6일 만에 5만 명을 돌파했다. 청원 글은 "국민의 혈세를 지원이라는 명목하에 사용하는 것으로 여론을 일시적으로나마 잠재우는 것으로 사용하거나, 관습적으로 지원을 결정하는 것이 아닌 근본적 원인 규명과 이런 사고가 있을 때 봉사하고 헌신하는 사람에게 보다 나은 지원과 환경을 갖추고 향후 재발 방지에 쓰여야 한다"라고 쓰여 있다. 세월호 참사 당시 참사의 진상규명을 은폐하고 조기 수습을 비판하는 맥락이 '국민의 혈세 남용'으로 활용된 것이다.

또 다른 면에서 이태원 참사는 '국가 애도 기간' 선포로 인해 애도의 국가화 논란을 야기한다.[223] 한국사회에서 국가 애도 기간은 이태원 참사를 포함해 총 세 번이었다. 김대중 정부 당시 9 · 11 테러 희생자 2,977명을 애도하기 위해 9월 14일 '애도의 날'을 선포했고, 이명박 정부가 천안함 침몰사고로 사고 발생 한 달 뒤 5일간 국가 애도 기간을 공표한 이후 이태원 참사가 세 번째다. 이전 사례와 달리 참사 바로 다음 날 선포된 7일간의 국가 애도 기간은 '애도가 우선이고 진상규명은 나중'이라는 논리를 유포했으며 참사의 진상규명을 둘러싼 정치적 논쟁의 장을 봉쇄했다.

그러나 국가 애도 기간은 이전처럼 재난=국난의 서사가 되어 피해자에 대한 자선과 온정주의의 통합으로 이어지지 않고 오히려 피해자 비난이 거세게 일어난 계기로 작동했다. '나라를 구하다 희생한 것도 아니고, 유흥을 즐기다 죽은 사고에 국가 애도 기간을 선포하는 게 맞느냐'는 비판은 국가가 아닌 피해자에 대한 비난으로 전환되면서 혐오가 확산한다.

3. 국가주의 재난서사의 작동 실패?
애도의 등급화와 피해자 혐오

　세월호 참사에 이어 이태원 참사에서 반복되는 피해자에 대한 비난과 혐오는 어떤 맥락에서 강화되는가. 보통 피해와 자선의 담론은 정치적 대립이나 주장보다 선호된다. 그런데도 세월호 참사 피해자와 유가족에 대한 혐오는 이태원 참사에 이르러 아예 재난으로 인정하지 않으려는 완강한 거부와 함께 재생산되고 있다. 세월호 참사보다 사회적 논란과 관심이 줄어든 듯한 분위기는 피해자에 대한 혐오가 줄어들었다기보다 사회적 재난으로서 이태원 참사를 인정하지 않으려는 인식과 함께 이뤄지며 공적 애도를 수행할 만한 죽음이 아니라는 인식이 배경이 된다. 부주의한 피해자, 불운으로서의 재난서사가 다시 강화되어 회귀한 것이다.

　이와 함께 이태원 참사에서는 '재난=국난' 서사가 작동하지 않았다. 세월호 참사의 경우 유가족과 사회운동이 수행한 '국가의 부재: 참사에 국가는 없었다'라는 서사가 이전과 같은 국가 주도 재난서사의 작동을 삐걱대게 했다. 반면 이태원 참사에서는 '국가 애도 기간' 시도에도 불구하고 '도의적' 수준에서조차 국가 책임이 회피되고 국가 차원의 조기 수습이 참사 초기부터 포기 혹은 철회되면서 국가 주도의 피해자 비난 혐오가 적극적으로 유포되었다.

국가가 참사 수습을 통한 국민 통합의 주체가 되지 않고 피해자의 위치를 탈취하는 등 국가주의 재난서사 작동 양상이 이전과 다르게 구성되면서 이태원 참사 피해자 혐오가 강화되었다. 피해자의 위치에서 재난을 경험하는 국민은 피해자가 된 국가의 위치에서 '국가가 언제까지 끌려다녀야 하냐', '놀다 죽었는데 왜 국가가 책임져야 하냐', '국민의 세금으로 왜 지원해야 하냐'라는 식의 비난을 국가의 위치에서 수행하게 된다. 즉 피해의 부정이 아니라 피해의 언어가 이전 참사들과는 다른 방식으로 작동하기 시작했으며, 온정주의적이고 인도주의적인 피해의 서사 대신 애도의 불평등한 할당과 생명정치적 권력의 작동으로 재난 피해가 국가 차원에서 선별된다고 볼 수 있다.

이를 단지 세월호 참사로부터 본격화된 유가족 운동과 사회운동의 실천에 대한 반동적 저항으로만 설명할 수 있을까? 물론 수십 년 동안 반복된 '공적 기억상실'과 '선별된 망각'은 재난에 대한 공적 애도 및 대항적 서사 구축과 더불어 생명정치에 대한 대안적 상상이 얼마나 사회적으로 수용되기 어려운 것인가를 이해하게 한다. 그럼에도 불구하고 세월호 참사부터 지속해 온 피해자 혐오는 더 근본적인 차원에서 신자유주의적 생명권력이 '애도의 등급화'를 수행하는 것과 관련된다.

버틀러는 푸코가 제시하는 생명권력과 주권권력과의 관계를 통해 애도의 등급화, 즉 애도의 불평등한 분배와 차별적 등급이 매겨지는 방식을 이야기한다. 버틀러가 주목하는 것은 신자유주의 통치성이 작동하는 장에서 재설정되는 주권 권력의 역할이다. "지금 우리가 직면하는 것은 전술로서 주권의 활용"이며, "주권이 시대착오적 권력 형태라고 선언하고 싶을지라도 새로운 권력의 배열 속에서 시대착오적인 것들을 다시 순환하게 만드는 수단이 무엇인지 파악해야 한다."[224]

주권 권력은 통치성의 장에서 법 밖의 인구집단을 관리하는 데 활용된다. 즉 법에 순응적인 주체를 생산하는 것과는 다른 방식으로 인구집단을 관리하는데, 이는 법 바깥의 인구를 탈주체화하는 과정을 통해서 관리된다.[225] 이를 통해 버틀러는 "생명권력 하의 인구군은 잠재적 '애도가치'를 가진 존재로 인지되는 경우에만 생명권을 주장할 수 있다"[226]는 논지로 삶과 죽음의 차원을 관통하는 '애도의 등급화'를 제기한다.

애도가치를 인정받는 사람이라는 말은 죽을 경우 애도받을 사람이라는 뜻이다. 반면에 애도가치를 인정받지 못하는 사람이라는 말은 죽을 경우 죽음의 흔적을 거의 혹

은 전혀 남기지 못할 사람이라는 뜻이다.[227]

이러한 버틀러의 설명은 세월호 참사 이후 심화하고 있는 피해자 혐오를 생명권력의 작동이라는 차원에서 이해할 수 있도록 인도한다. 애도가치가 차별적으로 분배되는 삶이 지속되고 강화되는 삶이란 곧 삶의 불평등과 죽음의 차별적 인정이 이뤄지는 지배적 규범이 관철되고 수용되는 삶이다. 인구집단을 가르는 온정주의적 분할은 취약집단을 고정하고 낙인찍는 효과를 발휘하며 국가의 지원으로 겨우 생존하는 삶에 대한 낙인과 비난은 재난 참사 피해자들에게로 확장된다.

이와 함께 세월호 참사 이후 수행되는 "전투적 애도" 혹은 "애도시위"가 강남역 여성 살인 사건, 구의역 '김 군' 사망사고, 김용균 사망사고를 거쳐 이태원 참사까지 지속되는 정치경제적 맥락을 이해할 수 있으며, 사회적 애도가 단지 죽음에 대한 진상규명과 기억의 문제를 넘어 생명권력에 대항하는 공통의 지반 위에 놓여있음을 알 수 있다.

4. 재난 '이후'의 사회를 위한 조건

　유가족과 시민운동이 주도하는 대항적 재난서사는 '진상 규명과 책임자 처벌'이라는 고전적 구호 곁에 '안전사회 건설'을 추가했다. 그러나 국가 부재에 대한 책임을 국가에 요구할 수밖에 없는 곤란함은 이러한 운동이 국가권력의 강화로 귀결될 위험을 안고 있다. 동시에 피해-가해의 강력한 이분법적 논리 역시 강화된다. 그럼에도 불구하고 우리가 피해의 언어를 전적으로 제외한 채 대항적 재난서사를 구축하는 것은 불가능해 보인다. '가족' 중심의 고통서사가 온정주의적이고 가부장적인 권력 형태의 논리를 강화할지라도 그것은 조직화한 저항의 실천으로 이어질 가능성을 봉쇄하지는 않는다. 대항적 재난서사에선 피해의 담론이 어떤 방향으로 작동하는지, 그것이 누구의 이익에 기여하고 있는지를 평가해야 한다.[228]

　이태원 참사에서 피해서사는 이태원이라는 카니발적인 장소성에 대한 부정적 서사 안에서 형성되었다. 피해자는

'난잡한 놀이'가 아니라 '성실한 노동'과 '전도유망한 미래'를 담보한 주체들로 서사화되면서 '놀다가 죽은' 생명에 대한 공적 애도를 어렵게 만들고 있다. 이는 지배적 규범의 장 안에서 대항서사가 일차적으로 구성될 수밖에 없는 불가피한 과정이기도 하다. 그러나 우리는 매년 이태원 참사 추모와 동시에 핼러윈 축제를 맞이해야 한다. 핼러윈 축제의 즐거움과 애도가 함께 긍정되는 재난서사는 어떻게 구성될 수 있을까? 국가권력을 강화하거나 보충하지 않고, 재난의 국가 책임을 묻는 시민의 집단적인 역량은 어떻게 확보되고 강화될 수 있을까?

신자유주의 생명권력을 약화시키면서 대안적인 생명정치를 구성하기 위해 생존권과 애도, 삶과 죽음은 더 많이 연루되어야 한다. 더 근본적으로는 '재난'의 반대항에 '안전'을 놓는 것이 무엇을 의미하는지 살펴볼 필요가 있다. 우리는 신자유주의와 안전담론이 얼마든지 결합할 수 있다는 것을 잘 알고 있다. 이러한 이유에서 우리는 안전사회에 대한 국가적 책임을 묻는 것의 모호함 역시 인정해야 할 것이다. 안전에 대한 책임을 국가에 모두 위임하는 것만큼 위험한 것은 없다. 시민사회는 공동체의 안전을 위해 누군가 배제되거나 희생되지는 않는지, 안전을 구성하는 방식이 민주적인지 통제적인지, 위험의 개별화뿐만 아니라 안전이 위계화되고 있는 것은 아닌지에 관해 지속적인 담론을 형성하면서 안전을 민주화해야 한다.

이 과정에서 재난 참사 피해자들이 수십 년간 이뤄온 재난사회운동의 성과와 흐름을 놓쳐서는 안 될 것이다. 이는 단지 '유가족'으로서 당사자의 권리 주장 이상의 의미가 있다. 수년간, 수십 년간 재난 참사 피해 가족은 자신에게 닥친 '불운'을 사회적으로 해결해야 할 '정치'로 만들면서 유가족의 정체성으로 재난 '이후'의 시민성을 형성해 나갔다.

안전한 사회는 '재난 없는 사회'가 아니라 '재난 이후 사회'를 전망하는 것이기도 하다. 재난이 발생하면 사람들은 유가족의 슬픔에 잠시 공감과 연민을 보낼 뿐, 재난 후에도 유가족들이 긴 시간 싸움을 지속하는 이유를 알지 못한다. 재난을 이례적이고 비정상적이며 일탈적인 사고로 규정하는 방식은 재난과 안전이라는 의제를 삶에서 멀어지게 하고 그 정치적 역량을 축소한다. 산업 현장에서 일반화된 '무재해 운동'이 산업재해를 줄이는 대신 산재 은폐를 부추겼음을 기억해야 한다. 재난 이후에 운동을 지속하는 이유를 무시한 채 의미 없이 되풀이하는 '안전사회'라는 말은 기업의 '무재해 운동'만큼이나 공허하고 해악적이다.

6장

피해당사자의 권리로부터
모두의 안전권을

전주희

1. 재난이 만든 '두 번째 시민'

2022년 늦가을, 이태원 참사가 발생했다. 그로부터 한 달 뒤, 참사 유가족들은 희생자의 사진을 들고 기자회견장에 섰다. 이날 그들은 '유가족'으로서 자신들을 드러냈고, 그렇게 부여된 지위와 자격으로 사회적 발언을 이어갔다. 이태원 참사 유가족들의 기자회견을 보며, 대구지하철 참사 유가족이 떠올랐다. 참사 다음 해인 2023년은 대구지하철 참사 20주기였다. 20년 동안 '유가족'으로 살아온 사람들은 지금 막 참사 유가족이 된 이들에게 어떤 이야기를 해줄 수 있을까?

"재난이 뭐라고 생각하세요? 재난은 '남의 일'이에요."

이 말은 어느 자리에선가 윤석기 대구지하철참사 희생자 대책위원회 위원장이 대화 끝에 내린 '재난'의 정의다. 재난은 철저하게 나와는 무관한 일, 나에게 닥치기 전까지 철저하게 '남의 일'로 여겨지는 것, 그래서 어떤 준비도 없이 '당사자'가 될 수밖에 없는 사건이다. 20년 전, 윤석기 위원장 자신도 그랬단다. 그리고 지난 20년간 사람들이 재난을 대하는 태도는 달라지지 않았다. 20년간 '투쟁하는 유가족'으로 싸워온 만큼, 그만큼의 사회에 대한 냉소도 한구석에 쌓였고, 때로 송곳 같은 말을 내뱉는다.

> "유가족으로 제대로 된 대접을 받고 싶어요. 20년 동안 이 사회는 한 번도 나를 유가족으로 대접한 적이 없어요."

대구지하철 참사로 열아홉 살 딸을 잃은 황명애 씨에게 '유가족 운동'은 치유의 과정이자 또 다른 상처를 만든 시간이었다. 그렇게 싸우지 않았다면 견디지 못했을 시간이었고, 그렇게 싸웠기 때문에 이전에는 몰랐던 무시와 모욕감을 견뎌내야 했다고 회고한다.

유가족으로 대접받는다는 것은 무엇일까? 많은 기자와 카메라, 정치인들, 그리고 사람들이 유가족인 그를 보지만, 정작 그가 말하는 것, 말하고 싶은 것을 제대로 들어주는 사람은 없었다고 한다. '대접'이 어떤 사회적 특권을 기대하는 것이 아니라면, 이것은 인정의 문제와 관련되어 있다. 그러니까 황명애 씨는 20년간 유가족으로서 사회적 삶을 살았지만, '유가족'이라는 사회적 지위status를 포기하지 않았기 때문에 오히려 시민으로서 온전한 자격이 훼손되었다고 말하는 것이다.

모든 유가족이 윤석기, 황명애처럼 유가족 운동을 이어가고 있는 것은 아니다. 모든 재난 피해자가 세월호 참사 유가족들처럼 전투적인 애도시위를 통해 재난 사회운동을 만들어가는 것도 아니다. 어느 연구자의 제안대로 그들을 '성찰적 유가족'이라 이름 붙일 수 있지만, 그들의 성찰에는 과도한 희생과 피해가 포함되어 있다. 많은 유가족이 재난으로 가족을 잃은 고통에 버금가는 '무시'의 경험을 호소한다. 왜 그런가? 재난이 발생하면 사회는 피해자들에게 온정을 베푼다. 그런데도 왜 유가족들은 '무시'를 경험하는가? 무엇보다도 우리는 왜 유가족의 고통을 온전하게 이해하지 못하는가? 우리는 유가족과 어떤 '공통의 감정 구조'를 만들어가야 하는가?

현재 한국사회에서 유가족이 겪는 사회적 고통은 가족을 잃은 비애로만 설명될 수 없다. 그들이 겪는 고통의 상당 부분은 재난피해 유가족이 되는 순간부터 뒤따라오는 무시와 연관되어 있으며, 이는 '재난·참사 피해 가족'이라는 지위에 들러붙는 사회적 부정의의 표현물이라 할 수 있다. 재난 유가족이 되는 순간, 시민 지위는 흔들린다. 시민으로서 정상적인 삶을 보장받다가도 유가족의 지위에서 행위할 때, 이들은 시민성civility 일부의 박탈을 경험하게 된다.

이러한 박탈의 경험은 첫째, 이미 상당한 박탈(가족의 때

이른 죽음)을 겪은 이후에 이어지는 것이기 때문에, 종종 첫 번째 박탈로 이해되어 오랫동안 가려져 있었다. 그러나 세월호 참사 이후 유가족들의 전투적 실천을 통해 국가가 재난 피해자들에게 베푼 '온정주의적 조치들'의 폭력적 이면이 드러났고, 유가족들이 경험한 무시가 국가의 재난대응 방식과 관련되어 있음이 폭로되었다. 둘째, 이러한 '무시'의 경험구조는 단지 전투적 애도시위를 수행하는 유가족들에게만 한정되지 않는다. 이들은 국가에 저항하기 전에 이미 '무시'를 경험한다. 단지 이에 대해 적극적으로 저항하는가 순응하는가, 말하는가 침묵하는가의 차이가 있을 뿐이다.

한국사회에서 재난이라는 사건은 국가가 보장하는 정상적인 삶, 국가가 보장하는 '안전'의 울타리 밖 특정 시민을 배제하도록 만든다. 재난은 국가 안전의 바깥으로 '두 번째 시민'을 만들 수 있었다. 재난이 뭐길래?

2. '대표불능' 상태의 재난 피해자와 보편적 안전권의 실종

재난피해 집단이라는 이유로 시민권 일부가 박탈되는 것은 자연스러운 일이 아니다. 상식적으로는 국가가 오히려 이들의 기본권 보호 조치를 강화해야 하는데, 이것이 이뤄지지 않을 경우, 시민으로서 지위는 위태로워진다. 이는 여러 가지 원인과 역사적 과정들이 중첩된 결과이지만, 이 글에서는 '권리'의 차원에서 이 문제를 들여다볼 것이다.

재난 피해자가 된 다음 가장 필요한 것은 재난 피해자로서 무엇을 국가에 요구하고 주장할 수 있는지, 즉 '재난 피해자로서의 권리'다. 그러나 한국사회에서 재난 피해자의 권리란 제대로 작동하지 않는 안전시스템과 같은 처지다.

한국사회에서 재난 피해자들은 윤석기의 발언처럼, 재난이 철저하게 '남의 일'이었기 때문에 재난 피해자의 권리를 알지 못한 채 피해자가 된다. 그리고 비로소 알게 된다. 재난 피해자에게 가장 필요한 것은 정부의 긴급지원이나 본적 없는 이웃들의 성금이 아니라, 자신에게 어떤 권리가 있는지, 어떤 정보가 제공되는지에 대한 '안내'이며, 다른 재난 피해자들과 '모일 권리'를 실질적으로 보장받는 것임을. 그러나 동시에 그러한 권리가 부재하는 현실 앞에서 부정적인 방식으로 재난 피해자 권리의 중요성을 깨닫는다.

역설적이지만, 재난이 많이 발생할수록 재난 피해자의 권리는 제대로 보장되지 않는다. 재난을 예방하고 대비하는 시스템이 허술할수록 작은 사고도 대형 재난으로 이어지기 쉽다. 그러한 예방 시스템하에서는 재난 발생 시의 대응과 구조, 수습 역시 제대로 이뤄지지 않는다. 골든타임이 지나간 후 이루어지는 부실한 재난 구조와 수습은 재난의 2차 피해를 유발한다. 오랜 시간 재난대응 시스템이 제대로 구축되지 않은 국가의 재난 인식은 매우 처참하다. '재난은 발생할 수밖에 없다'라는 편한 인식은 오래되어 뿌리 깊다. 그런 국가가 재난 피해자의 권리에 주목할 리 없다. 다른 이야기지만, 산업재해로 인한 노동자 사망을 전 세계에서 가장 오래, 가장 많이 방치해온 한국에서 재난이 중대한 국가 과제로 다뤄질 가능성은 더욱 희박하다.

우리나라 헌법 제34조 제6항은 "국가는 재해를 예방하고 그 위험으로부터 국민을 보호하기 위하여 노력하여야 한다"라고 규정하고 있다. 국가가 국민의 안전을 보호할 의무를 명시한 것이다. 일상적 시기에 우리는 국가가 나의 안전을 책임져야 한다고 생각한다. 그런데 재난 피해자가 되는 순간, 국가의 지원 외에 피해자로서 어떤 주장과 요구를 하기가 어려워진다. 세월호 참사 당시 줄기차게 외쳤던 '국가는 없다'라는 수사rhetoric는 일반 시민에게는 해당하지 않았다. 철저하게 재난 피해자만이 국가 부재를 경험하는 것이다. 이는 재난 피해자가 재난이라는 상황에서 '대표불능misrepresentation'이라는 정치적 부정의를 경험한다고도 말할 수 있다.

낸시 프레이저는 전 세계적 불평등과 인종주의의 확산 등 '지구화 시대'에 부합하는 정의의 문제를 재설정하며, '(재)분배, 인정, 대표'라는 삼차원적 정의론을 제시한다.[229]

신자유주의 세계화로 인한 불평등의 심화로 분배의 정의를, 여성주의와 소수자 운동, 난민의 급증, 극단적 인종주의의 발호로 인정의 문제를 다루면서, 프레이저는 경제적 분배와 문화적 인정을 근거 짓는 '정치적인 것'의 차원으로 '대표representation'의 문제를 제기한다.

> 정의의 정치적 차원은 사회적 귀속의 기준을 확립하고 이를 통해서 누구를 구성원으로 볼 것인지를 결정함으로써 다른 차원들의 범위를 설정한다. 정치적 차원은 정당한 분배와 상호인정을 받을 **자격**이 있는 사람들의 범위 안에 **누가 포함되어야 하고 누가 배제되는지**를 우리에게 말해 준다.[230]

즉, '나'에게 시민으로서의 자격과 권리가 주어진다는 것은 누군가가, 어떤 제도가, 어떤 의사결정 과정이 나를 대표한다는 것을 의미한다. 이는 단지 법적 보장이나 국적의 문제만이 아니다. 낸시 프레이저가 말하는 대표는 "공동체에 누구를 포함하고 배제할 것인가 하는 문제"이며, 법적 귀속 여부를 넘어 공적인 논쟁 과정을 포함한다. 가령 2018년 발생한 제주 예멘 난민 혐오 여론으로 '난민 추방' 찬성 국민청원은 70만 명 이상을 기록했고, 법무부는 '가짜 난민'을 선별하기 위해 난민법을 개정하겠다고 나섰다. 이런 일련의 소동은 난민의 지위를 체계적으로 악화시켰다.[231]

'대표불능'이라는 부정의는 일상적이고 합리적인 정치 안에서도 나타날 수 있다. 잘못된 선거제도로 인해 투표 결과가 충분히 대표되지 못하는 경우, 여성이라는 지위로 인해 평등한 참여가 침해되는 경우 등이 이에 해당한다. 그러나 낸시 프레이저가 주목하는 것은 이러한 것과는 다른 차원의 대표불능이다. 즉 "잘못 설정된 틀misframing"에 의해 어떤 사람들은 논쟁에 참여할 기회 자체를 박탈당하는 상황을 의미한다.

가령, 중소 업체의 정규직 노동자이지만, 원·하청 구조에선 하청노동자의 지위로 전락하는 사태가 있다. 더욱이 하청노동자의 지위는 종종 비정규직의 범주에서조차 제외된다. 화물 및 택배 노동자들은 자영업자 신분이지만, 그들이 수행하는 종속된 노동으로 인해 '특수고용노동자'라는 기묘한 사회적 이름을 얻게 된다. 동시에 그들은 특수고용노동자인 한에서 노동자 범주에서 제외된다. 전자부품업체 아리셀에서 사망한 이주노동자들은 그들의 위험을 평가할 수 있는 '위험성평가제도'에서 배제되었고, 그 결과 폭발이 일어난 순간에도 눈앞의 현실화된 위험을 인지하지 못한 채 사망했다.

이처럼 국적을 가진 시민이라 할지라도 사회의 무수한 경계 중 특정 경계들, '틀' 밖으로 배제된 인간들은 '대표불능'이라는 부정의를 경험한다.[232] 이러한 대표불능의 상태에서는 "왜곡된 의사결정 규칙들이 이미 구성원으로 간주되고 있는 특정한 사람들의 정치적 발언권을 손상시켜 그들이 동등한 자격을 가지고 사회적 상호작용에 참여하지 못하게"[233] 만든다. 재난 피해자들 역시 대표불능의 상태에서 무시의 경험, 즉 인정 부정의를 겪는다. 그런데 재난 피해자들은 난민, 이주노동자, 비정규직, 성 소수자와는 다른 존재다. 물론 재난 피해자들이 난민일 수도, 외국인일 수도, 비정규직일 수도, 성 소수자일 수도 있다. 그러나 그들이 무시를 겪는 순간이 재난 피해자라는 지위를 얻는 시점이라는 점이 중요하다.

> 무시당한다는 것은 … 사회적 상호작용의 온전한 파트너로서의 지위를 거부당하는 것이고, 사회생활에 **동료로 참여하는 것**에서 배제당하는 것이다. 무시는 분배 불공평의 결과이기보다는, **제도화된** 해석·평가 패턴의 결과

로 봐야 한다.[234]

　부연하자면 '무시'는 법과 제도를 포함해 이를 적용하고 해석하는 사회적 의사결정 과정의 결과이며, 불평등한 신분에서 오는 것이라기보다 동등한 참여가 가로막힌 상태로 이해해야 한다. 재난 피해자가 되는 순간, 그들은 당사자이자 시민으로서 자신의 피해를 사회적으로 공유해야 할 권리와 책임을 동시에 갖게 된다. 재난은 특정한 집단의 피해로 국한되지만, 공통의 위험common risk의 현실화라는 점에서 가능성으로 남겨진 위험성 해결의 실마리를 제공하기 때문이다.

　그런데 이러한 위험을 공유하고 해결할 참여가 가로막힐 때, 그리고 그들의 참여 주장이 정치적으로 논의되지 않을 때 그들을 향한 무시의 언어들은 광폭해진다. 아마도 황명애 씨가 말한 '대접'은 이러한 참여가 가로막힌 다층적인 경험일 것이다.

　흔히 낸시 프레이저의 인정 정의를 '정체성 정치'에 대한 것으로 생각하기 쉬우나, 프레이저는 "지위status의 관점에서 인정을 재해석"[235]하고자 한다. 온전한 시민 동료로서의 참여를 거부당한 특정 집단이 유동적으로 발생할 경우, 부정의 상태에 빠질 수 있다고 말한다.

　유가족을 포함한 재난 피해자 집단은 재난 피해자로서의 '지위'를 가지는 순간, 재난 조사를 비롯한 해결 과정에서 배제되는 대표불능에 빠지게 된다. 이로부터 세월호 참사 이후 재난 피해자들의 레토릭이 된 '국가는 없다'는, 국가 재난대응시스템 작동 불능 비판과 함께 피해자들의 '대표불능' 상태를 보여주는 이중적 의미를 획득하게 된다. 그런데 재난 피해자들은 왜 피해자라는 지위로부터 대표불능의 부정의를 겪게 되는가?

전 세계적으로 발생하는 모든 재난 상황에서 모든 재난 피해자가 대표불능의 상태에 빠지는 것은 아니다. 그렇지만 어떤 재난은 그러한 상태를 만든다. 인도에서 매우 자주 반복되는 압사 사고들, 2014년 중국 상하이 와이탄 압사 사고, 2022년 이태원 핼러윈 압사 사고와 미국 9.11의 피해자들이 서로 다른 지위에 있으며, 미국 내에서도 카트리나 재난 피해자와 9.11 피해자들의 지위는 또 다르다.

재난은 암묵적 혹은 명시적으로 설정된 국가의 안전 보장 의무가 실패했음을 의미한다. 이에 따라, 암묵적이건 명시적이건 국가에 기대하고 있는 '안전권' 역시 가장 취약한 상태로 부각된다. 즉, 재난은 "체계 전체의 취약성의 증대"[236]이기도 한 사건이며, 이는 재난 피해자뿐만 아니라 국가 전체의 위기로 전화될 수 있다. 따라서 국가는 이러한 위기를 계기로 통치성을 강화할 기회를 마련할 수 있다. 재난이 국난으로 손쉽게 치환되는 이유는 재난이 전쟁 다음으로 국가 권력을 재활성화할 기회이며, 위기관리 기구로서 국가의 역량을 통해 사회적 자원을 집중시킬 수 있기 때문이다.

그러나 위기관리 능력이 취약한 경우, 재난이 정권의 위기로 손쉽게 전화하므로 국가는 재난을 축소·부인·왜곡·억압하는 방식으로 대응하려고 한다. 재난 피해자의 권리가 심각하게 침해받는 경우는 이 지점이다. 통치력이 취약한 권력일수록 강압적인 주권 권력에 의존한다. 그러한 정권의 입장에서 재난은 재난대응 체계의 위기를 넘어 정권의 위기를 초래할 가능성을 품고 있기 때문이다. 헌법재판소가 박근혜 탄핵 사유로 세월호 참사에 대한 책임을 면제해 준 것과 달리, 정치의 차원에서 세월호 참사는 박근혜 정권 내내 반정권 시위의 구심점 역할을 했다. 이명박 정부 역시 2008년 압도적인 지지로 출범했고, 출범 직후 치러진 국회의원 선거에서도 당시 집권 여당인 한나라당이 압승했으나, 출범 석 달 만에 광우병 촛불시위로 인해 지지율이 7.4%로 폭락하며 정권의 위기를 맞았다.[237]

이명박, 박근혜 정권보다 더 무능력하고 통치력이 취약한 윤석열 정부는 '국가 애도 기간'으로 이태원 참사를 조기에 수습하려 했으나 실패하면서, 이 재난을 정권에 대한 위협으로 인식했다. 그러나 이러한 '위협'은 실체적 진실이라기보다 권력이 가진 망상적 자기방어 논리에서 나온 자기 생산물에 불과하다.

재난 피해자들이 대표불능에 빠지는 사태는 국가가 재난을 통치의 대상으로 삼을 만한 위기관리 능력이 부재함을 의미한다. 다시 말해, 국가는 재난 피해자를 대표하는 대신 자기 자신을 대리하며 재난 피해자의 위치를 탈취한다. 이러한 사회에서 재난 피해자의 권리는 재난이 반복될수록 취약해진다. 이처럼 재난 피해자 권리의 취약성은 일상적인 정치적 부정의를 초래하며, 이는 보편적인 '안전권'의 부재라는 제도적이고 정치적인 현상으로 나타난다. 그리고 보편적 안전권의 부재는 앞으로의 재난에서 또다시 재난 피해자의 권리를 보증하지 못하는 악순환으로 이어진다.

3. 세월호와 이태원 사이: 안전권 입법 시도와 실패

　보편적인 안전권에 대한 정의 없이 재난 피해자의 권리가 온전히 보장될 수 있을까? 그것은 마치 평등권에 대한 보증 없이 성차별을 바로잡으려는 시도처럼 막막한 것이다. 그러나 현실 세계에서는 늘 피해당사자의 빼앗긴 권리 혹은 부재한 권리로부터 보편적 인권의 문제가 제기된다.

　"누군가 빼앗긴 권리는 모든 사람의 권리를 일깨우는 신호가 된다"[238]라는 말처럼, 세월호 참사는 당사자의 문제, '남의 일'이라는 재난의 타자화를 넘어 한국사회에 보편적 안전권의 문제를 제기한 사건이다. 참사를 목격하며 "내가, 우리가, 이 사회가 안전하지 않다"라는 인식이 확산했고 이는 곧 보편적 '안전권'의 문제를 제기하며 법에 안전권을 더욱 명확하게 기입해야 할 필요로 이어졌다.

　물론, 헌법 제34조 제6항 "국가는 재해를 예방하고 그 위험으로부터 국민을 보호하기 위하여 노력하여야 한다"는 조항에 근거해 안전권을 도출할 수도 있다. 이는 근대국가의 성립 조건인 국민의 생명과 안전을 국가가 책임진다는 사회계약론적 전제에 따라, 안전권과 함께 생명권이 "선험적이고 자연법적인 권리"로서 보장되어야 한다는 헌법학자들의 주장[239]이기도 하다.

반면, 헌법에 안전권을 명시적으로 규정하는 조항이 없기 때문에, 위의 헌법 조항을 '국가목표규정'과 같은 국가 의무로 볼 것인지, '국민의 안전권'으로 볼 것인지에 대한 논란이 있다. 국가의 입장에서는 이 조항을 국민의 안전을 보호해야 할 의무로서만 인식하는 반면, 국민의 입장에서는 이를 기본권으로서의 안전권으로 이해한다.[240]

헌법상 안전권이 보장된다는 것은 첫째, 국민 개개인이 자신의 안전 보장을 국가에 직접 청구할 수 있는 적극적인 청구권을 가진다는 것이고, 둘째, 재난으로 인한 피해에 보상이나 배상을 요구할 수 있으며 셋째, 안전을 위한 특정한 조치를 요구하는 예방적 청구권도 보장된다는 것이다.[241]

반대로, 해당 헌법 조항을 안전권이 아니라, '국가목표규정'으로 보는 견해도 있다. '국가목표규정'이란 "특정한 가치를 실현하기 위하여 국민 개개인에게 주관적 권리를 부여하지 않으면서 국가에게 그러한 가치를 실현하도록 의무를 부과하는 것"[242]이다. 이 관점에서는 국가가 재난 안전 관리를 위해 노력해야 할 의무는 있지만, 국민이 국가에 철저한 안전 관리를 요구할 권리는 없다. 이 주장에 따르면, 발생한 재난에 대해 국민이 국가 대응의 책임을 묻기 어렵다. 즉,

'안전권은 기본권인가'의 문제는 바로 국가 책임에 대한 청구권을 보장받느냐에 달려 있다.

재난이 반복되면서, 특히 세월호 참사를 계기로 우리 사회는 '모든 시민의 안전권'이 부재하다는 현실을 인식하게 되었다. 재난 상황에서 시민들은 자신의 피해를 '호소'해야 하며, 피해를 입증할 '진상조사'를 요구하고, 다시는 유사 재난이 발생하지 않도록 대책 마련을 '요청'해도 명확한 답을 얻기 어렵다. 정부가 자신의 '의무'를 충분히 이행하지 않고, 국회가 안전 관련 입법을 제대로 하지 않아 피해가 가중되는 '입법부작위' 상황에서도 이를 바로잡을 권리가 시민에겐 없다. 이러한 배경에서 안전권을 법에 기입하려는 요구가 제기되고 있다.

세월호 참사 이후 안전권에 대한 사회적 논의와 이를 법·제도에 반영하려는 실천은 세 가지 방향에서 전개되었다. 하나는 헌법에 안전권을 명시적으로 신설하는 헌법 개정 추진이다. 다른 하나는 현행 '재난 및 안전관리기본법(이하 재난안전법)'을 개정해 안전권 조항을 포함하거나, 아예 안전권을 중심으로 '생명안전기본법'을 제정하려는 시도이다. 마지막으로 정부가 5년 단위로 수립하는 '국가안전관리기본계획' 등에 안전권을 중심으로 한 기본계획을 마련하는 등의 제도적 실천이 있다.

이러한 노력은 문재인 정부 시절에 이뤄진 것이지만, 세월호 참사 당시 구조 실패를 초래한 박근혜 정권의 탄핵이라는 배경과 세월호 유가족 등을 비롯한 재난 사회운동의 성장, 그리고 안전에 대한 시민적 관심이 정부에 정치적 압력으로 작용한 결과라는 점을 상기할 필요가 있다. 이를 이해해야만 문재인 정부 당시 안전권을 법과 제도에 명시하려한 시도가 왜 실패할 수밖에 없었는지를 파악할 수 있다.

주목할 점은, '안전권'과 관련하여 정부가 법·제도 개선을 추진하기 이전에 시민사회에서 먼저 보편적 안전권의 문제를 대중적인 형태로 제기했다는 사실이다. 인권단체와 인권 연구자들이 주도하여 작성한 「존엄과 안전에 관한 4.16 인권선언」이 그 대표적인 사례이다. 이 선언의 의미에 대해서는 뒤에서 다시 논하고자 한다.

안전권을 법에 기입하려는 시도

우선, 헌법에 안전권을 포함시키려는 헌법 개정 시도를 살펴보자. 당시 강창희 국회의장은 2013년 제헌절 경축사에서 '19대 국회에서 모든 정파가 참여해 권력 구조뿐만 아니라 대한민국의 미래 100년을 내다보면서 제2의 제헌을 하는 각오로 개헌 논의를 하자'라고 제안하며, 국회의장 임기 내 헌법 관련 권고안을 마련하겠다는 공약을 밝혔다.

이러한 배경에서 2014년, 국회의장은 '국회 헌법개정자문위원회'를 구성하고 헌법 개정안을 발표했다. 개정안에는 기본권 확대를 위한 규정 틀을 체계화하고, 안전권과 정보기본권 등 헌법에 새롭게 명시할 기본권이 포함되었다.[243] 위원회는 "헌법은 기본적 인권 수호를 위한 국가의 근본 규범으로 '국민'만의 권리가 아니라 원칙적으로 모든 '인간'의 권리임을 명백히 할 필요가 있다. … 현행 규정보다 보호의 범위가 확대되어야 할 기존 틀과 규범체계를 다시 한번 살펴보고 국제적인 공감대를 형성하고 있는 선진적인 인권 규범들을 우리 헌법의 틀 속으로 보다 과감하게 수용할 필요가 있다"[244]라고 강조했다. 이에 따라 19대 국회의 헌법개정자문위원회는 헌법에 "모든 사람은 위험으로부터 안전할 권리를 가진다"라는 안전권 조문 시안을 제출했다.

현행 헌법	조문 시안
제34조 ⑥ 국가는 재해를 예방하고 그 위험으로부터 국민을 보호하기 위하여 노력하여야 한다.	제14조 ① **모든 사람은 위험으로부터 안전**할 권리를 가진다. ② 국가는 재해 및 모든 형태의 폭력에 의한 피해를 예방하고, 그 위험으로부터 사람을 보호하기 위하여 노력하여야 한다.

[표] 2014년 국회 헌법개정자문위원회 개정안

최초로 국민이 아닌 '인간'의 권리로서 안전권이 헌법 개정안으로 제출된 것이다. 이 개정안은 기본권을 확대하고 시대에 걸맞은 새로운 기본권을 신설한 것으로, 이후 헌법 개정안들을 마련하는 데 주요한 전거가 된다. 그리고 얼마 지나지 않아 세월호 참사가 발생했다. 세월호 참사는 안전권 법제화 주장의 동력을 더욱 강화했다. 2015년, 헌법재판소 역시 안전권의 법제화를 제기했다. 헌법재판연구원이 발행한 『기본권의 개념 및 인정 기준과 법률적 권리의 관계』보고서는 세월호 참사 이후 안전권을 기본권에 포함시켜야 한다는 주장을 펼치며, '형법 제41조 등(사형제도) 위헌제청' 판례의 일부 위헌 의견을 인용한다.

> 인간은 누구든지 생명을 유지하고 생명의 안전을 위협받지 아니하며 **국가에게 생명의 안전을 청구할 권리**를 가진다. 이러한 생명권이 우리 헌법상 기본권으로 보장된다는 점에 대해서는 이론이 없다. 국가는 인간의 생명을 침해하거나 생명의 안전을 위협해서는 안 될 뿐만 아니라 국민의 생명의 안전을 보호할 의무를 진다.[245]

헌법 개정안을 제출한 19대 국회는 박근혜-최순실 국정 농단 사태에 휘말려 제대로 된 논의를 할 수 없었다. 그러나 박근혜 대통령 탄핵소추안이 가결되면서 국회에서 개헌 논의가 본격화되었다. 국정농단 사태를 겪으며 대통령에게 권력이 집중되는 대통령제의 폐해가 정치의 수면 위로 오르게 되었고, 이에 따라 정치체제 변화를 요구하는 목소리가 커졌기 때문이다.[246] 당시 대선 후보였던 문재인 대통령은 개헌을 공약으로 내세웠고, 취임 직후인 2018년 시정연설에서 임기 내 개헌을 완수하고, 2018년 지방선거와 동시에 국민투표를 실시하겠다고 공언했다.

이후 2018년 국회헌법개정특별위원회 자문위원회가 개정안 보고서를 제출하면서 헌법상 보장된 기본권으로서 안전권을 구체화했다. 기본권 관련 조문 시안 중에서는 '인간의 존엄과 가치'와 관련해 제11조 '생명권', 제13조 '위험으로부터의 안전권' 신설을 제안했다.[247]

기본권의 주체는 원칙적으로 '모든 사람'으로 개정하되, 권리의 성격상 '국민'으로 한정해야 하는 경우에만 제한적으로 '국민'을 주체로 정했다. 위원회는 "기본권 적용 대상의 범위를 공동체에 거주하는 모든 사람으로 확장하는 것"[248]이 국제 규범에 부합한다고 밝히고 있다. 안전권에 대한 조문은 2014년의 개정안을 참조하여 다음과 같이 마련되었다.

위험으로부터의 안전권(2018년 개정안)
제13조 ① 모든 사람은 위험으로부터 안전할 권리를 가진다.
② 국가는 재해 및 모든 형태의 폭력에 의해 피해를 예방하고, 그 위험으로부터 사람을 보호하기 위하여 노력하여야 한다.

2018년 개정안은 세월호 참사 이후에 마련된 것으로, 신설 취지는 "세월호 사건과 메르스 사태가 대표하듯 현대인은 재난, 사고, 폭력 등 각종 '위험'에 노출되어 인간으로서 누려야 할 자유권이 심각하게 위협받거나 제한당하고 있"으며, 따라서 "현행 헌법 제34조 제6항(국가의 재해 및 폭력 예방 의무)의 국가 의무를 기본권 실현을 위한 인간의 권리로 강화하고, 현행 헌법상 안전 개념이 주로 '국가 안전'이라는 의미로 해석되는바, 이와 차별화하여 국민의 안전을 확보할 필요"가 있다는 내용으로 서술되었다.[249]

이는 헌법이 '안전이념의 변화'를 수용할 것을 촉구하는 것이다. '국가의 안전'이 곧 '국민의 안전'이라는 도식은 국가 안보를 위해 국민의 자유가 희생되어도 된다는 '압제'의 정당화 가능성을 내포하고 있다. 이러한 배경에서 근대국가에서의 안전권은 전통적으로 개인의 생명과 신체를 국가폭력으로부터 보호하는, 즉 국가에 대한 방어권의 성격이 강했다. 권력을 독점한 국가가 생명과 신체 등의 안전을 위협할 때, 안전권은 방어권으로서 그 보호 기능을 수행한다.[250]

이미 우리 헌법은 개인이 폭력행위 등을 통해 다른 개인을 해하려는 위험, 불법적인 신체 구속 등 국가가 개인에게 가하는 위험뿐만 아니라 질병, 사고, 재해, 노령, 실업 등의 사회적 위험을 위험의 범주에 포함하며, 이를 '사회적 안전' 혹은 '사회보장의 문제'로 다루고 있다. 그러나 안전에 대한 기본권이 여전히 국가폭력에 대한 저항권 차원에서 머물고 있기 때문에, 사회적 위험에 대응하는 기본권으로서 안전권의 필요성이 제기되는 것이다.

이는 또한 자유와 안전을 대립적으로 보는 시각, '개인의 자유와 공동체의 안전'이라는 다분히 자유권 중심의 도식에서 '안전을 통한 자유', 즉 '자유의 전제로서 위험이 없는 상태'라는 새로운 개념으로 변화해야 한다는 사회적 요구를 반영한다.[251] 이러한 '안전'의 강조는 불가피하게 국가의 안전권력을 강화하게 되므로, 이를 견제하고 감시하기 위한 시민의 안전권을 강화해야 할 필요성도 함께 제기된다.

그러나 2018년 5월 24일, 안전권을 포함하는 헌법 개정안은 국회 논의 과정에서 결국 폐기되었다. 1987년 이후 31년 만에 추진된 개헌이었고, 당시 문재인 대통령이 발의한 정부 개헌안이었지만 야당 의원들의 불참으로 정족수 미달 사태가 발생해 '투표 불성립'으로 처리되었다.[252]

재난안전법과 국가안전관리기본계획에 안전권을 강화하기 위한 시도

재난안전법은 국가의 재난 및 안전관리 업무에 관한 기본계획인 '국가안전관리기본계획'을 5년마다 수립하도록 규정하고 있다. 그러나 지나치게 추상적이고, 구체적인 실행 방안이 담보되지 않을 뿐만 아니라, 재난과 안전에 관한 국가적 이념과 철학이 부재한 채 각종 사업이 나열되어 있어, 우리나라 재난 행정에 주요한 문서로 자리 잡지 못하고 있다.

재난안전법은 2003년 대구지하철 참사 이후 제정되었고, 이로부터 1차 국가안전관리기본계획이 수립된다. 제1차 계획(2005~2009)은 국가 재난관리 체계의 통합과 혁신을 지향하며 소방방재청을 개청하고, 재난관리 과정을 '예방–대비–대응–복구' 4단계로 정립했다. 2차 계획(2010~2014)은 이명박 정부 시기 수립되었다. '선진화'라는 기조 아래 민영화, 민간 개방, 규제 완화 관련 정책이 추진되면서, 2차 계획 역시 'OECD 수준의 안전 선진국 실현'을 비전으로 삼아 기업과 민간의 역할을 강조했다. 사실상 안전의 시장화, 안전의 상품화를 추진한 것이다. 3차 계획(2015~2019)은 세월호 참사 이후 마련된 '안전혁신 마스터플랜'과 시기가 겹치면서 대체되었다. 3차 계획은 소방과 해경 등의 현장 대응 능력 제고와 국민을 대상으로 한 안전교육 강화를 주요 내용으로 한다.

헌법에 안전권을 기입하려는 헌법 개정 시도가 좌절된 이후, 문재인 정부 시기 마련된 4차 계획(2020~2024)은 정부에서 안전권을 강화하기 위한 방향으로 제시되었다. 국가안전관리기본계획이 정부 문서로 제출된 이래 처음으로 안전에 대한 국가의 책임과 국민의 기본권으로서 안전권 보장을 강조했다. '포용적 안전관리' 방향에서 제출된 '국민의 안전을 책임지는 국가'와 '기본권으로서의 안전권'을 강조한 부분이 이전(1~3차) 계획들과의 차이점이다. 특히 세월호 참사 이후 '안전권'에 대한 사회적 요구를 받아 4차 계획을 수립했음을 밝히고 있는데, 이 대목에 주목할 필요가 있다.

4차 국가안전관리 기본계획은 … 세월호 사고 이후 국민의 요청을 받아들여 국가의 책임을 강화한다. … 세월호 사고 이후, 국민들은 삶의 모든 부분에서 국민의 안전을 책임지는 '책임지는 국가'와 기본권으로서의 '안전권'을 요구하고 있다.[253]

4차 계획은 헌법 개정이 어렵다면 법률적 차원에서 안전 권을 구체적으로 규정하고 실질화해야 한다고 판단하여 안 전기본법 제정을 제시했다. 이에 따라 2020년 11월까지 '국 민 안전권 보장을 위한 안전기본법안 제정안'을 발의하고 2021년에는 안전기본법 입법을 추진한다는 계획을 세웠다. 이후 2020년 11월 '안전기본법안'(오영환 의원 대표발의)과 '생명안전기본법안'(우원식 의원 대표발의)이 각각 발의되었 다. 특히 오영환 의원이 대표 발의한 법안은 문재인 정부의 행정안전부가 만든 것이다. 그러나 정부와 여당은 이와 관 련해 적극적인 입법 활동을 하지 않았다. 국회에서 제대로 된 논의조차 이뤄지지 않은 채 법안이 잠자고 있는 동안 이 태원 참사가 발생했다.[254]

안전권의 부재와 이태원 참사의 발생

안전권을 보장하는 법이 마련되지 않은 상황에서 이태원 참사는 세월호 참사의 과정을 반복했다. 첫째, 2017년 박근 혜 대통령의 탄핵 사유 중 세월호 참사에 대한 책임이 기각

된 데 이어, 2023년 이상민 행정안전부 장관의 탄핵도 기각되었다. 이는 근본적으로 헌법재판소가 헌법상의 안전권을 협소하게 해석한 문제이지만, 헌법과 함께 검토한 재난안전법, 국가공무원법 어디에도 국가의 의무에 상응하는 국민의 안전권에 대한 명시적 규정이 없었다는 점은 헌법재판소가 보수적으로 헌법을 해석하게 하는 데 일조했다. 둘째, 재난 사고조사와 이후 대응, 수습 과정 전반에 대한 진상규명과 국가 책임을 묻기 위해 또 다시 유가족들이 거리로 나와 '특별법' 제정을 요구할 수밖에 없는 상황이 반복되고 있다.

> "이태원 참사가 나고 우리가 유가족이 되고 나니, 가장 뼈아픈 것이 생명안전기본법이 없다는 것이었다. 피해자 권리를 위한 기본적인 법이 없다보니 당연히 정부가 해야 할 원인규명이나 피해자 참여, 권리 보장조차 유가족들이 길거리로 나와 호소하고 싸워야만 한다. 생명안전기본법이 이전 정부에서 제정되었더라면, 이태원 유가족들은 세월호 참사 때보다 더 나은 조건에서 출발할 수 있었을 것이다." – 이태원 참사 유가족

무엇보다 주목해야 할 것은 안전에 대한 요구가 시민권 차원에서 보장되지 못하면서 안전권력의 강화로 이어졌다는 점이다. 강화된 권력만큼의 책임을 추궁할 수 있는 장치, 시민적 역량으로 이를 견제할 수 있는 장치가 확보되지 않

은 안전권력은 치안화할 수밖에 없다. 그리고 이는 마치 자유와 안전이 양립 불가능한 것처럼 인식하게 만든다.

대표적으로 이태원 참사 당시 한덕수 국무총리의 외신 브리핑 발언이 자유와 안전의 대립적 관계를 잘 보여준다. 한 총리는 2022년 11월 1일 서울프레스센터에서 외신 기자들을 상대로, "권위주의 체제에서 형성된 것일 수 있는데 대한민국에는 경찰이 사전적으로 깊이 들어가 개인의 움직임을 제한하는 데 대해 굉장히 부정적인 느낌이 있다"며 "그런 상황에서 군중들이 평화롭게 이동만 잘하면 아무도 (경찰 개입을) 원하지 않는 게 현실"이라고 말했다. 이어 "그러나 앞으로는 그렇게는 안 되겠다는 것"이라며 "개인들이 자기 마음대로 다닐 수 있는 이동의 자유가 제한받더라도 군중에 대한 관리를 잘해서 안전을 최우선에 둬야겠다고 개혁 방향을 잡았다"고 했다.[255] 참사에 대한 책임을 지고 안전을 강화하라는 시민의 요구에 대해 군중 통제가 곧 안전이라고 응수하는 것은 안전을 권리에 입각해 사고하지 않으려는 정부의 퇴행적 시각을 보여준다.

또한, 이태원 참사 이후 윤석열 정부는 피해자와 시민들의 '진상조사' 요구를 묵살하는 방편으로 '안전대책'을 수립했다. 이상민 행안부 장관은 이태원 참사에 대한 재난 원인 조사를 건너뛴 채, 참사 열흘 만에 '범정부 재난안전관리체계 개편 TF'를 구성하고 3개월 만에 '국가안전시스템 개편 종합대책'(종합대책)을 발표하며 "국가 재난안전시스템의 패러다임을 바꾸겠다"고 했다. 그러나 종합대책에는 앞서 4차 국가안전관리기본계획에서 표명한 안전권과 국가 안전 책임의 강화가 언급조차 되지 않았다. 세월호 참사를 계기로 제기된 안전권의 제도화 노력이 이태원 참사에서 무참히 삭제된 것이다. 대신 참사 초기 정부가 재난 대응책임을 회피하기 위해 사용한 논리를 정당화하는 각종 '신종재난 발굴과 대응'에 초점이 맞춰졌다.

4. 대항적 생명정치와 보편적 안전권을 위한 저항권

세월호 참사로부터 본격화된 안전권에 대한 사회적 요구와 법적 기입을 위한 시도는 이태원 참사 이후 '생명안전기본법' 제정 운동으로 이어지고 있다. 그러나 정권 차원에서는 여전히 시민을 재난 수습에 '동원'하거나 '통제'해야 하는 대상으로만 간주하고 있다.

한편, 재난은 여전히 '피해 당사자'의 문제로 인식되며, 피해자의 권리를 요구하는 싸움에 집중되어 있다. 재난 상황에서 피해자의 권리를 중심으로 재난 대응을 민주화하려는 노력은 필수적일 뿐만 아니라 불가피하다. 또한, 피해 당사자의 구체적인 목소리로부터 보편적 권리가 요구되는 것도 자연스러운 과정이다. 그러나 안전권이라는 보편적인 권리가 앞서 보장되어 있지 않은 상황에서, 재난 피해자 권리 투쟁의 어려움과 곤란함 역시 반복되고 있다.

세월호 참사 한복판에서 제정된 「존엄과 안전에 관한 4.16 인권선언」(이하 「4.16 인권선언」)은 안전권을 피해자의 권리로 제한하지 않고 보편적 인권의 문제로 확장하려는 시도였다. 「4.16 인권선언」은 세월호 참사를 계기로 재난을 인권의 관점으로 바라보기 시작한 결과물이며,[256] 2년간 유가족 중심으로 당사자 투쟁이 진행된 세월호 2주기를 앞두고 작성되었다는 점에서 투쟁을 대중적으로 확장해야 한다는 과제를 인권의 언어로 제기한 정세적 문서이기도 하다.

「4.16 인권선언」은 "'피해자의 권리'가 특권으로 인식되는 피폐한 상황에서 피해자의 권리가 어떻게 모두의 보편적 권리로 전환될 수 있을지 잘 설명할 수 있어야 할 것"[257]이라는 방향 아래, "서구 유럽식의 보편적 권리 개념을 천명하는 전통적인 선언 형식이 아니라, 당면한 세월호 투쟁을 통해 권리를 쟁취하는 역사적 투쟁 선언문으로 작성될 것, 그리고 안전의 관점에서 사회변혁의 관점을 제시하는 것"[258]을 목적으로 작성되었다.

「4.16 인권선언」의 조항은 1조 인간의 생명과 존엄성, 2조 자유와 평등, 3조 연대와 협력, 4조 안전을 위한 시민의 권리와 정부의 책임, 5조 구조의 의무, 6조 진실에 대한 권리 7조 책임과 재발 방지, 8조 피해자의 권리, 9조 치유와 회복, 10조 공감과 행동, 11조 기억과 기록, 12조 저항할 권리 13조 존엄에 기초한 사회를 만들 권리로 구성되어 있다.

이는 피해 당사자의 권리에 한정되지 않고 보편적인 안전권으로 권리를 확장 구성하려는 시도이며, '안전의 민주화'를 위해 필요한 권리와 책임의 목록, 그리고 이러한 권리들이 지향하는 '존엄에 기초한 사회'라는 사회상을 제시하고 있다. 이 신인은 곧 그동안 국가주의적이고 치안에 경도된 안전이념을 민주적으로 재구성하고 재난 이후의 시민-주체를 호명하기 위한 "수행적 문서"[259]의 의미를 가진다.

정정훈(2016)은 데리다가 미국 독립선언문을 분석한 글인 「독립 선언들」에서 서명의 문제를 언급한 부분을 인용하며, 수행적 문서로서 「4.16 인권선언」의 의미를 부여한다.

> 「선언」의 '우리'는 '인민의 이름으로' 말한다.
> 그런데 이 인민은 실존하지 않는다. 인민은 이 선언에 **앞서 그 자체로는** 실존하지 않는다. 만약 인민이 자유롭고 독립적인 주체로서, 가능한 서명자로서 스스로를 탄생시킨다면, 이는 이 서명 행위에 의해서만 이행될 수 있다. 서명은 서명자를 발명한다. (자크 데리다, 「독립 선언들」, 『법의 힘』, 진태원 옮김, 문학과지성사, 2004, 175~176쪽.)
>
> 「4.16 인권선언」 역시 '우리'의 권리를 선언하며 그 권리를 위한 '우리'의 행동을 결의한다. … 그러므로 「4.16 인권선언」은 사건의 정치를 수행하는 주체를 만들어내고 확인하는 주체화의 장치이다.[260]

'세월호'라는 특정 정세를 넘어, 신자유주의적 안전이념이 강화되고 있는 현재 국면에서 「4.16 인권선언」을 다시 읽어

낸다면, 위의 13개 조항 중 '저항할 권리'는 선언에서 특권적 위치로 재독해될 수 있다.

세월호 참사를 지나 이태원 참사를 경험하며, 우리는 보편적 안전권에 대한 보증이 없는 상황에서 재난 피해자의 권리 요구가 불가피하게 한계를 가질 수밖에 없음을 실감했다. 마찬가지로, 신자유주의적 안전권력을 해체하고 재구성하지 않는 한, 안전권의 온전한 실현이 얼마나 위태로운 희망인지를 절감하고 있다. 신자유주의적 안전이념은 재난에서, 그리고 재난과 일상의 경계가 점점 더 모호해지는 '재난의 일상화'가 가속화되는 현시점에서, 인종과 젠더, 섹슈얼리티, 계급, 장애 여부 등에 영향을 끼치는 모든 영역에서 "사회진화론적 생명정치"를 강화하고 있다.[261]

"그 자체로는 실존하지 않는" 인민이 선언에 서명하듯이, 안전권이 부재한 현실에서 안전권을 실천하는 운동은 그 어느 때보다 대항적 생명정치 운동과 결합해야 한다. 우리는 언제나 세월호 참사 **안에서** 안전권이 부재한 상태로 안전권을 구현할 수밖에 없으며, 언제나 이태원 참사 **안에서** 신자유주의 안전권력에 대항하는 생명정치를 발명해 낼 수밖에 없다.

그런 면에서 오늘 우리에게 필요한 안전권은 초역사적이고 탈정세적인 보편적 안전이 아니라, 대항적 생명정치를 실천하는 연대와 협력 속에서 대안적 '안전이념'과 함께 구성되는 안전권이어야 한다. 근대 자유주의 국가 이후, 그리고 신자유주의 국가에서 강화되고 확대된 안전권력에 포섭되는 안전권이 아닌, 신자유주의 그 자체를 문제 삼는 안전이념, 새로운 통치이념을 바탕으로 안전이념을 구성하는 한에서 안전권은 법과 우리 모두의 삶에 온전히 구현될 수 있을 것이다.

주

1장

1   송태현, 「'리스본 대지진'을 둘러싼 볼테르와 루소의 지적 대결과 근대지식의 형성」, 『비교문학』 70호, 2016, 163쪽.

2   위의 글, 162쪽.

3   민병원, 「재난의 정치학: 리스본 대지진과 근대국가에 대한 21세기적 성찰」, 『평화연구』 제28권 2호, 2020, 15쪽.

4   위의 글, 17쪽.

5   미셸 푸코, 『안전, 영토, 인구』, 오트르망 외 옮김, 난장, 2011, 164쪽.

6   이후 자세히 설명하겠지만, 여기서 '최적화'는 '최대화'와 구별된다. 특정한 국가는 정해진 크기의 영토, 주어진 자원 등에 의해 환경적으로 제약되어 있다. 그 제약된 환경에 걸맞은 정도의 인구, 도시 수, 식량 등이 있다. 그 이상의 인구, 식량, 도시 등이 존재하면 오히려 국가의 역량이 약화될 수 있다. 물론 그 이하여도 국가의 역량은 약화된다. 제약된 환경에 걸맞은 인구, 식량, 도시 등이 존재하는 상태로 유지될 때가 바로 최적화된 상태다.

7   존 로크, 『통치론』, 강정인·문지영 옮김, 까치, 1996, 34~35쪽.

8   존 스튜어트 밀, 『자유론』, 서병훈 옮김, 책세상, 2005, 108쪽.

9   위의 책, 31쪽.

10 위의 책, 35쪽.

11 이 강의가 편집되어 책으로 발간된 것이 앞의 책(푸코, 2011)이다.

12 푸코(2011), 앞의 책, 396~397쪽.

13 푸코(2011), 앞의 책, 478쪽.

14 찰스 테일러, 『근대의 사회적 상상』, 이상길 옮김, 이음, 2010, 119쪽.

15 푸코(2011), 앞의 책, 162쪽.

16 푸코(2011), 앞의 책, 99~100쪽.

17 푸코(2011), 앞의 책, 77쪽.

18 가령 다음 책을 참고하라. 피에르 다르도 외, 『내전, 대중 혐오, 법치』, 정기헌 옮김, 원더박스, 2024.

19 사토 요시유키, 『신자유주의와 권력』, 김상운 옮김, 후마니타스, 2014, 88~89쪽.

20 위의 책, 101쪽.

21 법 정립적 폭력과 법 보존적 폭력의 구별에 대해서는 다음 글을 참조하라. 발터 벤야민, 「폭력비판을 위하여」, 『역사의 개념에 대하여/폭력비판을 위하여/초현실주의 외』, 최성만 옮김, 도서출판 길, 2008. 법 정립적 폭력과 법 보존적 폭력의 혼용, 혹은 구별 불가능성에 대하여는 다음 글을 보라. 자크 데리다, 「벤야민의 이름」, 『법의 힘』, 진태원 옮김, 문학과지성사, 2004.

22 조르조 아감벤, 『예외상태』, 김항 옮김, 새물결, 2009.

23 사토, 앞의 책, 104쪽.

24 지그문트 바우만, 『쓰레기가 되는 삶들』, 정일준 옮김, 새물결, 2008, 33쪽.

25 가령 코로나 팬데믹 시기 미국의 시망률과 사회경제적 지위의 상관관계
는 다음과 같은 양상으로 나타났다. 미국에서 성인 69,001명을 대상으
로 코로나로 인한 사망률과 사회경제적 지위의 상관관계를 조사한 2020
년 자료에 따르면 사회경제적 지위가 낮은 성인이 사회경제적 지위가 높
은 성인보다 코로나로 인한 사망률이 약 5배 높았다. 가장 사회경제적 지
위가 낮은 히스패닉 남성 그룹의 경우 인구 10만 명당 연령보정 사망자
가 178명이었는데, 이는 사회경제적 지위가 높은 백인 여성 그룹이 6.5명
인 것에 비해 27.4배나 높은 수치였다. (최규진, 「재난 불평등과 건강: 코로
나19 팬데믹을 되짚어보며」, 『월간 복지동향』, 참여연대, 2023. https://www.
peoplepower21.org/welfarenow/1928671 최종 접속일: 2024.08.11.)

26 주디스 버틀러, 『지금은 대체 어떤 세계인가』, 김응산 옮김, 창비, 2023,
171쪽.

27 주디스 버틀러, 『연대하는 신체들과 거리의 정치』, 김응산 · 양효실 옮김,
창비, 2020, 172쪽.

28 위의 책, 173쪽.

29 위의 책, 173쪽.

30 위의 책, 174쪽.

31 낸시 프레이저, 『좌파의 길』, 장석준 옮김, 서해문집, 2023, 58쪽.

32 위의 책, 58쪽.

33 위의 책, 59쪽.

34 위의 책, 277쪽.

35 위의 책, 285쪽.

36 위의 책, 286쪽.

37 버틀러(2020), 앞의 책, 33쪽.

38 버틀러(2020), 앞의 책, 32~34쪽.

39 미셀 푸코, 『사회를 보호해야 한다』, 김상운 옮김, 난장, 2015, 306~307쪽.

40 바우만, 앞의 책, 29쪽. 강조는 인용자.

2장

41 "[단독] 이태원참사 다음 날 중대본 회의서 "'피해자' 대신 '사망자' 써
라" 논의", MBC, 2022.11.1. https://imnews.imbc.com/news/2022/
politics/article/6422739_35666.html (최종 접속일: 2024.8.13.)

42 박상은, 「재난의 사회적 원인과 의미 구성: 10 · 29 이태원 참사를 사례
로」, 『경제와사회』, 138호, 2023, 87쪽.

43 (사)4.16세월호참사가족협의회 · 4.16재단 · 4.16연대, "이태원 참사에 관
한 4.16세월호참사 피해자 가족과 시민의 입장", 2022.10.30. (강조는 인
용자)

44 헌법재판소 2023.7.25. 선고 2023헌나1 행정안전부장관(이상민) 탄핵 사
건 전원재판부 결정, 51~52p.

45 "박희영 용산구청장 징역 7년 구형…검찰 '이태원 참사에 가장 큰 책임'", 경향신문, 2024.7.15. https://www.khan.co.kr/national/national-general/article/202407151834001 (최종 접속일: 2024.8.13.)

46 "검찰, '이태원 참사' 부실 대응 이임재 전 용산서장 징역 7년 구형", 경향신문, 2024.7.22. https://www.khan.co.kr/national/national-general/article/202407221953001 (최종 접속일: 2024.8.13.)

47 "'이태원 참사' 박희영 구청장 1심 무죄…이임재 실형과 대비", 한겨레, 2024.9.30. https://www.hani.co.kr/arti/society/society_general/1160390.html (최종 접속일: 2024.9.30.)

48 악셀 호네트의 인정이론에 대한 개요는 다음을 참조. 강병호, 「악셀 호네트: 인정투쟁, 사회적 갈등의 도덕적 구조와 논리」, 『현대 정치철학의 모험』, 난장, 2010; 문성훈, 「호네트. 병리적 사회 극복을 위한 인정투쟁」, 『프랑크푸르트학파의 테제들』, 사월의책, 2012; 이현재, 『악셀 호네트』, 커뮤니케이션북스, 2019; 졸고 「호네트 대 프레이저, 그리고 정치경제학 비판」, 명지대학교 석사논문, 2014, 2장 2절 호네트의 인정이론(9~21쪽).

49 '모욕'으로 번역되는 독일어 명사 Kränkung은 동사 kranken이 명사화한 것으로, 본래 '병을 앓다, 괴로워하다'라는 의미가 있다. 호네트는 이 맥락에서 모욕을 신체적 고통과 연관 짓는다.

50 악셀 호네트, 『인정투쟁』, 문성훈·이현재 옮김, 사월의책, 2011, 256~257쪽.

51 이한태·전우석, 「한국 헌법상 기본권으로서의 안전권에 관한 연구」, 『홍익법학』 16권 4호, 2015, 130쪽.

52 G.W.F. 헤겔, 『예나 체계기획 Ⅲ』, 서정혁 옮김, 아카넷, 2012, 293쪽.

53 호네트(2011), 앞의 책, 206쪽.

54 호네트(2011), 앞의 책, 211쪽.

55 호네트(2011), 앞의 책, 299쪽.

56 호네트(2011), 앞의 책, 298쪽.

57 낸시 프레이저·악셀 호네트, 『분배냐 인정이냐』, 김원식·문성훈 옮김, 사월의책, 2014, 222쪽. 이 문장의 원문은 다음과 같다. Damit korrigiere ich die These, die ich noch in meinem Kampf um Anerkennung vertreten habe, als ich davon sprach, **daß der Liebe nicht »das Potential einer normativen Fortentwicklung« innewohnt** (Kampf um Anerkennung, a. a. O., S. 282). Inzwischen bin ich davon überzeugt, daß auch in die Liebe ein normativer Geltungsüberschuß eingelassen ist, der durch (interpretatorische) Konflikte und Kämpfe zu entfalten ist.
국역본에는 "이런 점에서 나는 『인정투쟁』에서 제시된, 사랑에 "규범적 발전 잠재력"이 내재해 있다는 나의 테제를 수정한다."라고 번역되어 있으나, 이는 명백한 번역상 오류이므로 수정하여 인용한다.

58 악셀 호네트, 『비규정성의 고통』, 이행남 옮김, 그린비, 2017, 108쪽.

59 이러한 사랑에 대한 호네트의 입장 변화, 즉 『인정투쟁』에서 어머니와 아기의 관계를 중심으로 한 사랑에서 『비규정성의 고통』, 『분배냐, 인정이냐?』에서 제도화된 사회적 인정 질서 내의 돌봄과 정서적 인정인 사랑으로의 전회에서 생기는 문제들과 다른 이론과의 쟁점은 장성빈의 「악셀 호

네트의 인정이론에서 사랑의 상호성」(『사회와 철학』, 47호, 2024) 참조.

60   전지열·신지영·최준섭·김정한·이동훈, 「세월호 재난으로 자녀를 잃은 부모의 애도 과성에 대한 근거이론 연구」, 『한국심리학회지: 상담 및 심리치료』, 31권 1호, 2019, 2쪽.

61   위의 글, 40쪽.

62   정원옥, 「재난과 정동의 정치학: 사회적 고통에서 사회적 애도로」, 한국연구재단, 2015, 1쪽.

63   위의 글, 3쪽.

64   위의 글, 5쪽, 강조는 인용자.

65   전주희, 「응답에서 책임으로: 유가족 운동의 역사적·사회적 의미」, 이소선 10주기 토론회 "내가 너의 뜻을 이룰게" 발표문, 2021.9.1.

66   위의 글, 3쪽.

67   위의 글, 13쪽.

68   위의 글, 5쪽.

69   위의 글, 3쪽.

70   위의 글, 2쪽.

71   이선영, 「대형재난사고 유가족의 생활경험 연구」, 『한국사회복지교육』 15권, 2011, 135쪽.

72   전주희, 「2.18 대구지하철 참사에서 나타난 주체화 양상」, 성공회대학교 민주자료관 2022년 1차 학술대회 "국가폭력, 재난, 전쟁" 자료집, 2022.7.8., 71~99쪽.

73   박상은(2023), 앞의 글, 75쪽.

74   호네트(2011), 앞의 책, 263쪽.

3장

75   이철, 「사회적 외상(Social Trauma)의 문화적 차원에 대한 문화사회학적 연구: '용산 참사' 사건을 중심으로」, 『신학사상』 149호, 2010, 127~161쪽.

76   제프리 알렉산더, 『사회적 삶의 의미』, 박선웅 옮김, 한울아카데미, 2007, 211쪽.

77   알렉산더(2007), 앞의 책, 199쪽.

78   '사회적 고통' 연구와 '문화적/집합적 외상' 연구는 사람들의 부정적 경험이 사회구조적인 원인에 있음을 묘사하거나 설명하고, 이를 해결하는 데 관심을 둔다. 또한, 두 연구 모두 고통의 주관적 측면과 객관적 측면을 변증법적으로 매개하는 방법론을 사용한다. '사회적 고통' 개념은 대개 사회적 불평등을 감내하는 행위자의 생생한 주관적 고통에 주목하거나, 물질적 분배구조로 환원될 수 없는 행위자의 고통과 상징적 불/인정이 사실은 그러한 사회경제적 구조에 의한 사회적 배제(구조적 폭력)가 구조화한 성향의 실천 전략적 결과의 함수라는 역설에 주목한다(Bourdieu, 1999). 반면, '문화적 외상'은 고통을 생산하는 불평등한 사회적 과정과 행위자들의 상호작용, 그것의 공동체적이고 사회통합/분열적인-집단의 경계, 포함과 배제, 정체성 형성-함의에 주목한다. 그리고 행위 주체(개인과 집단)의 고

통(외상)이 문화적으로 매개되기에 사태나 정신 병리적 고통 자체로 환원될 수 없으며, 이것이 집단적 차원의 기억과 가치, 도덕규범과 정체성으로 승화되는 과정과 성찰적(또는 수행적) 관계가 있음에 주목한다. 대체로 전자는 일상적 고통의 경험구조 분석과 구조적 폭력 비판에, 후자는 집단적 고통(기억)의 사회적 구성 과정 분석(과 고통의 개별화 비판)에 중점을 두는 경향이 있다.

79 알렉산더(2007), 앞의 책, 77쪽.
80 제프리 알렉산더, 론 아이어먼, 베른하르트 기센, 피오트르 스톰프카, 닐 스멜서 등 일련의 사회학자들은 외상의 사회적, 문화적 차원을 밝히고자 문화사회학의 '강한 프로그램'(2003)과 터너의 드라마 이론, 고프먼의 연극학 등을 기반으로 삼았다. '집단기억'(Halbwachs, 1980), 케네디(Kennedy, 2020: 54-55)에 따르면, "외상 이론과 문화적 기억 연구의 기본 전제는 '기억하는 행위는 항상 현재 안에 있으며 현재에 대한 것이다'(Huyssen, 2003: 3)." 양자가 교차하긴 하지만, 항상 수렴하지는 않는다. 외상이론은 과거와 현재의 외상 증상과 흔적을 파악하고, 외상 기억이 어떻게 사건의 목격을 방해하는지에 초점을 맞춘다. 이 관점에서 문화적 기억 연구는 외상을 기억으로 축소한다고 비판받을 수 있지만, 외상 기억이 문화적 매개체를 통해 기억을 회복하며 사건을 새롭게 해석하고 미래에 대한 희망을 발견하는 데까지 나아간다. 또한, '사회적 고통' 개념 등을 비판적으로 접목해 '문화적 외상 이론' 또는 '외상과정이론' 또는 '외상 드라마 이론'(2004)을 창안했다. 사회적 고통에 관한 비판이론과 정치철학을 시도하는 에마뉘엘 르노(Renault, 2009; 2010)는 고통 연구에서 '사회적'이라는 구식 범주만으로는 정치 조직이 이를 인식하고 수용하는 데 한계가 있다고 본다. 르노는 사적인 것으로 배제된 기대와 희망, 즉 모든 정치적 주장이나 정치사상을 포괄함으로써만 고통을 온전히 다룰 수 있다고 주장한다. 이런 점에서 문화적 외상 이론은 비판적 정치철학과도 연계될 수 있다.
81 Gilad Hirschberger, "Collective trauma and the social construction of meaning", *Frontiers in psychology*, 9, 1441, 2018.
82 알렉산더(2007), 앞의 책, 212쪽.
83 알렉산더(2007), 앞의 책, 236쪽.
84 알렉산더(2007), 앞의 책, 238쪽.
85 채정호 교수팀의 추적 관찰에 의하면 세월호 사고 유가족 57%는 사고 발생 6년 후에도 외상후스트레스장애(PTSD)나 울분장애 등 정신건강이 악화되고 있다고 보고했다. 정신의학자 정혜신은 2014년 인터뷰에서 외상 '후' 스트레스장애라는 외상의 정신의학적 정의에도 불구하고 세월호 외상이 끝나지 않고 진행 중임을 강조한 바 있다(이명수, "세월호 트라우마, 외상 '후'가 아닌 아직도 외상 '중'", 한겨레, 2014.5.11. https://www.hani.co.kr/arti/society/society_general/636380.html 최종 접속일: 2024.8.19.).
86 그럼에도 불구하고 슈톰프카(Sztompka, 2004)는 외상을 유발하는 변화의 네 가지 특징을 주장한다. 갑작스럽고 포괄적이며 삶에 근본적이고 예상치 못한 변화가 잠재적 외상의 유발 요인이라는 것이다(159-160).
87 알렉산더(2007), 앞의 책, 201쪽.

88 김명희, 「세월호 이후의 치유: 제프리 알렉산더의 '외상 과정' 논의를 중심
    으로」, 『문화와사회』 19권, 2015b, 11쪽.
89 위의 글, 15쪽.
90 김명희는 PTSD 모델이 인권 유린을 인식하고 기록하는 데 힘을 발휘하여
    고문방지협약 제정 등 초기 인권운동에 기여했음을 인정하면서도 국가범
    죄 피해자들의 정신건강 진단 도구로 무비판적으로 사용하면 가해자와 피
    해자의 경계가 '외상'이라는 기표 속에서 흐릿해지고, 사건의 진실이나 가
    해자에 대한 도덕적 판단을 배제하는 것처럼 보이기 쉽다는 점을 지적한
    다(「5.18 집단트라우마 연구방법론과 새로운 진단기준: 과거청산의 과학사회
    학을 향하여」, 『경제와사회』 130호, 2021.).
91 알렉산더(2007), 앞의 책, 201쪽.
92 알렉산더(2007), 앞의 책, 205쪽.
93 김명희(2015b), 앞의 글 참조.
94 알렉산더(2007), 앞의 책, 230쪽.
95 Eyerman et al., "Cultural trauma, collective memory and the Vietnam
    War", Politička misao: časopis za politologiju, 54(1−2), 2017, pp.11−31.
96 알렉산더(2007), 앞의 책, 212쪽.
97 김명희, 앞의 글, 2015b, 11쪽.
98 Neil J. Smelser, "Psychological trauma and cultural trauma,"
    Alexander(eds), Cultural trauma and collective identity, University of
    California Press, 2004, p.282.
99 알렉산더(2007), 앞의 책, 213쪽.
100 Piotr Sztompka, "The trauma of social change", Alexander(eds),
    Cultural trauma and collective identity, University of California Press,
    2004, p.194.
101 ibid., p.194.
102 Kenneth Thompson, Moral panics, Psychology Press, 1998.
103 알렉산더(2007), 앞의 책, 207쪽.
104 Ron Eyerman&Giuseppe Sciortino, The Cultural Trauma of
    Decolonization: Colonial Returnees in the National Imagination,
    Palgrave Macmillan, 2020, pp.6−7 참조.
105 "'세월호 참사=교통사고'라는 재현 프레임은 세월호 참사의 성격은 물론,
    304명의 생명을 수장에 이르게 한 사인死因에 대한 정부의 공식적 설명과
    사후 보상 정책 모두를 암암리에 규정"했다(김명희, 「고통의 의료화: 세월호
    트라우마 담론에 대한 실재론적 검토」, 『보건과사회과학』 38호, 2015a, 229쪽.).
106 알렉산더(2007), 앞의 책, 230쪽.
107 Myung−Hee Kim, "Dilemma of Historical Reflection in East Asia
    and the Issue of Japanese Military "Comfort Women": Continuing
    Colonialism and Politics of Denial", S/N Korean Humanities, 3(1),
    2017, pp.60−61.
108 김명희(2015b), 앞의 글, 12쪽.
109 김명희(2015b), 앞의 글, 15~16쪽.
110 김명희, 「재난의 감정정치와 추모의 사회학: 감정의 의료화를 넘어 사회

적 치유로」,『감성연구』19권, 2019.

111 진영은 · 김명희, 「5.18 트라우마와 사회적 치유: 광주트라우마센터 사례
    를 중심으로」,『시민과세계』37호, 2020.

112 정원옥, 「4.16 이후 안산 지역의 촛불행동: 애도와 민주주의」,『역사비평』
    110호, 2015; 김종곤, 「세월호 트라우마와 죽은 자와의 연대」,『진보평론』
    61호, 2014.

113 김명희(2015b), 앞의 글, 39쪽.

114 알렉산더(2007), 앞의 책, 232~233쪽.

115 (알렉산더가 스멜서의 가치부가 이론의 재해석을 해명하지는 않았지만) 사건
    의 외상성은 마치 철광석 생산체계와 가치 부과 행위의 관계를 설명하는
    경제학의 '부가가치value-added' 논리처럼, 선행하는 사회체계의 결정자
    에 의해 구조화되었지만, 이 구조를 인식하도록 일반화된 믿음을 가진 행
    위자가 사회체계와의 갈등적 관계 속에서 발생시키는 집단행동의 기제로
    설명될 수 있다(Smelser, 1962/1972: 13-14).

116 Thompson, op.cit., p.25.

117 Todd Madigan, "Theories of cultural trauma," *The Routledge
    companion to literature and Trauma*, Routledge, 2020, p.51.

118 김명희(2015b), 앞의 글, 39~40쪽.

4장

119 10.29 이태원 참사 시민대책회의, 「생명권과 관련된 탄핵 의견서」,
    27~29쪽.

120 "검찰 '이태원 참사' 박희영 용산구청장 징역 7년 구형", 경향신문,
    2024.7.15. https://www.khan.co.kr/national/national-general/
    article/202407151504001 (최종 접속일: 2024.8.23.)

121 "'이태원 참사 부실대응' 김광호 '정직' 중징계…경찰 내부 "의외"", 중앙일
    보, 2024.5.21. https://www.joongang.co.kr/article/25250809 (최종 접
    속일: 2024.8.23.)

122 "박희영 용산구청장 '무죄'…이태원 참사 유가족 "인정 못해"", KBS, 2024.9.30.
    https://news.kbs.co.kr/news/pc/view/view.do?ncd=8070596&ref=A (최종
    접속일: 2024.9.30.)

123 박희영 쪽 변호인은 "'피고인에게 책임을 물을 수 있는 법령상 근거
    가 없는 것이 명백하다'며 이 사건 공소는 '그런데도 불구하고 좀 더 잘
    했어야 했지 않느냐'는 취지로 읽히기도 하는데 더 잘하지 못했다는 이
    유로 책임을 묻는 것, 형사상 책임을 묻는 것은 법리적으로 옳지 않다"
    고 강조했으며("'159명이나 죽었는데'…'이태원 참사' 용산구청장 변호사
    가 법정서 한 말", 매일경제, 2024.7.15. https://www.mk.co.kr/news/
    society/11067708 최종 접속일: 2024.8.23.), 김광호는 재판 과정에서 "경찰
    의 주된 업무는 혼잡 경비가 아니라 범죄 예방"이라며 자신의 혐의를 부
    인했다("김광호 '혼잡경비는 경찰 주업무 아냐' ··· 판사 '법조항 압니까?' 면
    박", 경향신문, 2024.4.29. https://www.khan.co.kr/national/court-law/

article/202404291945001 최종 접속일: 2024.8.23.). 특히 최후 진술에서 사과로 무마한 박희영과 달리 김광호는 "사고가 일어날 때마다 희생양을 찾기보다는 합리석인 개선안을 마련하고 그것이 한 단계 사회를 발전시키는 밑거름이 되었으면 한다"며 정부가 이태원 참사 초기에서부터 보였던 책임 회피의 논리를 그대로 반복했다.

124 2024년 화성 배터리 공장 화재 참사 현안질의를 위해 열린 국회 행정안전위원회 회의에서 이상민 장관 사퇴론이 다시 제기되었다. 야당 위원들은 정부가 재난 참사의 책임을 지지 않은 결과 이번 화성 배터리 공장 화재 참사를 비롯한 오송 참사까지 따져 물으며 장관의 사퇴를 촉구했으나, 이상민은 "자리에 연연하지 않는다"며 "마지막까지 제 소임을 다할 예정이고, 어떤 사고가 발생했다고 즉각 사임하는 것은 가장 낮은 단계의 책임이다. 오히려 그보다는 재발 방지를 위해서 어떻게 노력하느냐가 더 중요하다"고 반박했다("화성 화재에 이상민 사퇴론 재부각…'이태원 참사 때 물러났어야'", 프레시안, 2024.7.2. https://www.pressian.com/pages/articles/2024070215293244993 최종 접속일: 2024.8.23.).

125 전주희, 「10 · 29 이태원, 국가주의적 재난서사와 대항적 재난서사」, 『문화과학』, 제113호, 2023, 154쪽; 미류, 「10.29 이태원 참사와 책임 규명의 정치」, 『문화과학』, 제113호, 2023, 188쪽; 박상은, 「재난의 사회적 원인과 의미 구성」, 『경제와사회』, 제138호, 2023, 92~93쪽.

126 전주희, "또 '정치적 실패' 반복할 건가… 이상민을 파면하라", 오마이뉴스. 2023.7.19. https://www.ohmynews.com/NWS_Web/View/at_pg.aspx?CNTN_CD=A0002945984 (최종 접속일: 2024.8.23.)

127 이 의견서들은 10.29 이태원 참사 시민대책회의 홈페이지에서 찾아볼 수 있다. https://www.1029act.net

128 "여기에서 '직무'란 법제상 소관 직무에 속하는 고유 업무와 사회통념상 이와 관련된 업무를 말하고, 법령에 근거한 행위뿐만 아니라 행정각부의 장의 지위에서 국정수행과 관련하여 행하는 모든 행위를 포괄하는 개념이다[헌법재판소 2023.7.25. 선고 2023헌나1 행정안전부장관(이상민) 탄핵 사건 전원재판부 결정(이하 결정문(2023)), 9쪽]."

129 재난안전법 제66조의11(지역축제 개최 시 안전관리조치)은 이태원 참사 이후 1년이 지난 2023년 12월 26일에 다음과 같이 개정되었다. "중앙행정기관의 장 또는 지방자치단체의 장은 대통령령으로 정하는 지역축제를 개최하려면 해당 지역축제가 안전하게 진행될 수 있도록 지역축제 안전관리계획을 수립하고, 그 밖에 안전관리에 필요한 조치를 하여야 한다. 다만, 다중의 참여가 예상되는 지역축제로서 개최자가 없거나 불분명한 경우에는 참여 예상 인원의 규모와 장소 등을 고려하여 대통령령으로 정하는 바에 따라 관할 지방자치단체의 장이 지역축제 안전관리계획을 수립하고 그 밖에 안전관리에 필요한 조치를 하여야 한다. 〈개정 2023. 12. 26.〉"

130 결정문(2023), 14쪽.

131 10.29 이태원 참사 시민대책회의, 「법률 위반과 관련된 탄핵 의견서」, 6쪽.

132 이후 '사회재난' 항목에 '다중운집인파사고'를 포함하는 것으로 개정 (2024.1.16)되었다.

133 심지어 해외의 사례로 확장하면 거리에서의 압사 참사도 얼마든지 예시로

들 수 있다. 대표적으로 1993년 홍콩 란콰이퐁 신년 참사와 2015년 사우디 성지 순례 압사 참사를 들 수 있다(김현숙, 「규명, 책임, 한계: 와우아파트붕괴사고부터 이태원참사까지」, 『민주주의법학연구회 2024년 봄 정기 학술대회: 한국사회의 안전과 법』, 2024, 67~68쪽).

134 재난안전관리법 제14조, 제15조.

135 "중앙재난안전대책본부는 모든 재난의 컨트롤타워 역할을 하며, 중앙사고수습본부는 특정 재난의 주무부처에 설치되어 재난의 유형별 특징에 따라 수습하는 역할"을 한다(시민대책회의, 「법률 위반과 관련된 탄핵 의견서」, 18~19쪽).

136 시민대책회의, 「법률 위반과 관련된 탄핵 의견서」, 32~32쪽.

137 결정문(2023), 24쪽.

138 결정문(2023), 25~26쪽. 이후 2023년 12월 26일에 개정된 재난안전법에 중수본 설치 시점이 다음과 같이 명시되었다. "제15조의2(중앙 및 지역사고수습본부) ① 재난관리주관기관의 장은 재난이 발생하거나 발생할 우려가 있는 경우에는 대통령령으로 정하는 바에 따라 재난상황을 효율적으로 관리하고 재난을 수습하기 위한 중앙사고수습본부(이하 "수습본부"라 한다)를 신속하게 설치·운영하여야 한다. 〈개정 2023.12.26.〉"

139 결정문(2023), 39쪽.

140 결정문(2023), 46쪽.

141 결정문(2023), 47쪽.

142 결정문(2023), 50쪽.

143 헌법재판소 2017.3.10. 선고 2016헌나1 대통령(박근혜) 탄핵 사건 전원재판부 결정, 46쪽.

144 결정문(2023), 36쪽.

145 헌법재판소는 기본권으로서의 생명권을 다음과 같이 인정했다. "인간의 생명은 고귀하고, 이 세상에서 무엇과도 바꿀 수 없는 존엄한 인간존재의 근원이다. 이러한 생명에 대한 권리는 비록 헌법에 명문의 규정이 없다 하더라도 인간의 생존본능과 존재목적을 바탕을 둔 선험적이고 자연법적인 권리로서 헌법에 규정된 모든 기본권의 전제로서 기능하는 기본권 중의 기본권이라 할 것이다(헌법재판소 1996.11.28. 선고 95헌바1)."

146 헌재는 박근혜 대통령이 초동 대응에서 "단 한 명의 인명 피해도 발생하지 않도록 할 것, 여객실 내 객실 등을 철저히 확인하여 누락 인원이 없도록 할 것"과 같은 원론적인 지시에 그친 것이나, 세월호 사건의 심각성을 인식하였을 시점부터 7시간 가까이 관저에 머무는 행동 등은 "불성실"한 것으로 성실의무 위반으로 볼 수는 있으나, 국민의 생명권을 지키는 데 실패한 작위의무 위반으로 볼 수는 없다고 판단했다(헌법재판소 2017.3.10. 선고 2016헌나1 대통령(박근혜) 탄핵 사건 전원재판부 결정, 52~60쪽). 이러한 박근혜 탄핵결정문의 보충의견은 이상민 탄핵 기각 결정문의 보충의견과도 거의 비슷하다. 법정의견과 달리 두 재판관은 이상민이 참사 당일 긴박한 시기에 "가용자원을 총 동원하여 신속한 인명구조 및 구급활동에 최선을 다하라"는 원론적 지시에 그친 점, 이태원 참사의 심각성을 인지한 이후 2시간이 지나서야 중대본을 설치한 점, 책임 회피성 발언을 한 점에 대해 성실의무 위반을 인정한다[결정문(2023), 60~61

쪽]. 그러나 이러한 불성실에도 불구하고 "피청구인이 직무수행을 현저히 태만하게 하는 정도에 이르러 행정안전부의 재난 및 안전관리 업무에 장애를 초래하였다고 단정하기는 어렵나"며 헌법을 위반한 것은 아니라는 법정의견에 동의한다[결정문(2023), 68쪽].

147 기본권 보호 의무와 관련한 내용은 72페이지에 달하는 결정문에서 단 3페이지에 그친다[결정문(2023), 35~37쪽].

148 세월호 참사의 책임을 묻기 위해 기존의 죄목을 넘어설 필요가 있다는 주장은 다음을 참조. 미류(2023), 앞의 글, 180쪽.

149 이 글은 이후에 다음의 제목으로 발표되었다. 한상희, 「국가의 생명 및 안전보호 의무– 행정안전부 장관 이상민의 탄핵심판사건과 관련하여」, 「민주주의법학연구회 2024년 봄 정기 학술대회: 한국사회의 안전과 법」, 2024.

150 아이리스 매리언 영, 「정의를 위한 정치적 책임」, 허라금 외 옮김, 이화여자대학교출판문화원, 2018, 111쪽.

151 아이리스 영이 예시로 든 구조적 부정의 대표적인 사례가 주거 불평등이다. 주거 불평등은 개인의 노력 부족이나 불운이 아니라 소득 불평등이라는 구조적 부정의의 결과이기 때문에 사회적 차원에서 책임을 공유해야 한다는 것이 아이리스 영의 주장이다(위의 책, 95~110쪽).

152 10.29 이태원 참사 시민대책회의, 「생명권과 관련된 탄핵 의견서」, 19쪽.

153 영(2018), 앞의 책, 179쪽.

154 영(2018), 앞의 책, 144쪽.

155 10.29 이태원 참사 시민대책회의, 「생명권과 관련된 탄핵 의견서」, 22쪽.

156 10.29 이태원 참사 시민대책회의, 「생명권과 관련된 탄핵 의견서」, 4~7쪽. 이하 유럽인권재판소의 판례는 「생명권과 관련된 탄핵 의견서」에서도 언급하고 있듯이 다음의 논문을 참조하고 있다. 김성진, 「국가의 국민 안전보장의무: 유럽인권재판소의 사례를 중심으로」, 「강원법학」, 52호, 2017.

157 김성진, 위의 글, 170~171쪽.

158 김성진, 위의 글, 177~178쪽.

159 김성진, 위의 글, 182쪽.

160 10.29 이태원 참사 시민대책회의, 「생명권과 관련된 탄핵 의견서」, 8~9쪽.

161 이민열 · 최규환, 「헌법의 기초」, 한국방송통신대학교출판문화원, 2023, 2쪽.

162 10.29 이태원 참사 시민대책회의, 「생명권과 관련된 탄핵 의견서」, 21쪽.

163 전주희(2023), 앞의 글, 154쪽; 미류(2023), 앞의 글, 188쪽; 박상은(2023), 앞의 글, 92~93쪽.

164 전주희(2023), 앞의 글, 156~160쪽.

165 박상은, 「재난과 책임: 세월호 참사의 국가폭력 프레임에 대한 비판적 평가」, 「성공회대학교 학술대회: 국가폭력, 재난, 전쟁: 재난과 폭력에 관한 인문학적 성찰」, 2022, 89쪽.

166 결정문(2023), 19쪽.

167 이재승, 「국가범죄」, 앨피, 2010, 110쪽.

168 헌법재판소 1996.11.28. 선고 95헌바1

169 10.29 이태원 참사 시민대책회의, 「유가족 협의회의 탄핵 의견서」, 3~6쪽.

170 10.29 이태원 참사 시민대책회의, 「유가족 협의회의 탄핵 의견서」, 3쪽.

171 대표적으로 다음의 논문을 참조. 정원옥, 「애도를 위하여: 10.29 이태원 참사」, 『문화과학』, 113호, 2023.

172 10.29 이태원 참사 시민대책회의, 「유가족 협의회의 탄핵 의견서」, 7쪽.

173 정원옥(2023), 앞의 글, 49~50쪽.

174 10.29 이태원 참사 시민대책회의, 「유가족 협의회의 탄핵 의견서」, 6쪽.

175 이재승. 앞의 책, 188쪽.

176 버틀러의 grievability는 국역본에서 '애도가치'(『비폭력의 힘』), 또는 '애도 가능성'(『지상에서 함께 산다는 것』)으로 번역된 바 있다. grievability가 애도 가능함과 애도 불가능함을 나누는 grievable의 분할을 강조하는 개념이기 때문에 이 글에서는 '애도가능성'으로 번역하고자 한다.

177 주디스 버틀러, 『비폭력의 힘』, 김정아 옮김, 문학동네, 2020, 100쪽.

178 위의 책, 100~101쪽.

179 위의 책, 99쪽.

180 10.29 이태원 참사 시민대책회의, 「유가족 협의회의 탄핵 의견서」, 7쪽.

181 이런 맥락에서 참사 초기에 떠돌았던 마약 투약설도 다시 생각해 볼 필요가 있다. 설령 참사 희생자가 마약을 투약했다고 해도, 그것이 사회적으로 문제가 되는 불법 행위라고 해도, 그 죽음에는 애도가능성이 무시되어도 괜찮다고 할 수 있을까? 불법 행위자는 생명권과 애도의 권리를 인정받지 못해도 되는 것인가?

182 단지 포괄적인 의미에서 헌법 제10조 행복을 추구할 권리에 대해서만 언급할 따름이다(시민대책회의, 「유가족 협의회의 탄핵 의견서」, 8쪽).

183 10.29 이태원 참사 시민대책회의, 「유가족 협의회의 탄핵 의견서」, 12쪽

184 Jacques Derrida, trans. David Will, *The Gift of Death*, University of Chicago Press, 1995, p.50.

185 주디스 버틀러, 『윤리적 폭력 비판: 자기 자신을 설명하기』, 양효실 옮김, 인간사랑, 2013, 160쪽.

186 위의 책, 75쪽.

187 마가렛 데이비스, 「데리다와 법: 적법한 허구들」, 『웹진 인-무브』, 김우리 옮김. 2022.7.11. https://en-movement.tistory.com/364(최종 접속일: 2024.9.20.) 원문은 다음을 참조. Margaret Davies, "Derrida and law: Legitimate Fictions". *Jacques Derrida and the Humanities*, Cambridge University Press, 2001.

188 10.29 이태원 참사 시민대책회의, 「유가족 협의회의 탄핵 의견서」, 1쪽.

189 위증 또는 거짓맹세로서의 parjure의 문제는 다음의 책을 참조. Jacque Derrida, *Le parjure et le pardon Volume 1 Séminaire (1997-1998)*, Editions du Seuil, 2019.

190 10.29 이태원 참사 시민대책회의, 「유가족 협의회의 탄핵 의견서」, 14쪽.

5장

191 이 글은 「10·29 이태원, 국가주의적 재난서사와 대항적 재난서사」(『문화과학』, 제113호, 2023)를 수정, 보완한 것이다.

192 서울시 보도자료, '서울시 25개 자치구, 이태원 사고 사망자 합동분향소 설치', 2022.10.31.

193 ""제기 빨갱이예요?"라는 그 말", 한겨레, 2023.10.30. https://www.hani.co.kr/arti/opinion/column/1114168.html (최종 접속일: 2024.7.31.)

194 한순미, 「재난과 교차하는 서사: 역사 기록 속 재난 읽기의 방법」, 『인문연구』 90호, 2020, 35~64쪽.

195 신현선, 「3·11 동일본 재난 서사의 흐름과 성격 고찰」, 『동북아문화연구』 62호, 2020, 191~205쪽.

196 "2000년대 이후 한국의 재난 서사는 '국가의 실종'을 중심으로 하는 점에서 공통적인 문제의식을 가진다. … 한국의 경우 재난 자체도 중요하지만, 재난에 대한 공적인 대응 능력이 발휘되지 않는다는 점에서 재난에 대한 대응과 극복이 순수한 사적 영역으로 넘어오게 되는 것이 핵심이다." 박인성, 「한·미·일 재난 서사의 마스터플롯 비교 연구」, 『대중서사연구』 제26권 2호, 2020, 64쪽.

197 "5개 학회 공동성명 "민관 협력해 전 국민 이태원 참사 트라우마 해결하자"- 대한신경정신의학회, 한국정신간호학회, 한국심리학회, 한국정신건강사회복지학회, 한국트라우마스트레스학회", 메디게이트뉴스, 2022.11.6. https://www.medigatenews.com/news/1862101001 (최종 접속일: 2024.7.31.)

198 "MBC는 '이태원 참사'가 아닌 '10.29 참사'로 부르겠습니다.", MBC, 2022.11.6. https://www.youtube.com/watch?v=MH5WgOLINx4 (최종 접속일: 2024.7.31.)

199 반면, 한겨레는 '이태원 참사'로 부르겠다고 보도했다. "'이태원 참사'와 '10.29 참사'…우리는 어떻게 불러야 할까요", 2022.11.7. https://www.hani.co.kr/arti/society/society_general/1066182.html (최종 접속일: 2024.7.31.)

200 정부의 국가 애도 기간(10월 30일~11월 5일) 지정에 따라 전국 공무원이 "애도를 표하는 검은색 리본을 패용"하기로 했으나, 곧 "글자 없는 검은색 리본을 착용"하라는 인사혁신처 추가 지침이 내려와 전국 지자체, 공공기관, 공기업 직원들이 일제히 '근조謹弔' 글자가 보이지 않도록 검은색 리본을 뒤집어 달았다.

201 "이태원 참사 희생자 명단 공개합니다", 민들레, 2022.11.13. https://www.mindlenews.com/news/articleView.html?idxno=197 (최종 접속일: 2024.7.31.)

202 시모어 채트먼, 『이야기와 담화』, 홍재범 옮김, 호모루덴스, 2019, 55쪽.

203 위의 책, 32쪽.

204 주디스 버틀러는 이를 '서사적 권력의 체제들'이라고 언급하기도 한다. 『주디스 버틀러, 지상에서 함께 산다는 것』, 양효실 옮김, 시대의창, 2016, 190쪽.

205 가령 세월호 참사 당시 우병우 일가에 대한 자세한 폭로나 세월호 선장의 '팬티 바람 탈출' 장면 무한 재생 등이 이에 해당한다.

206 박인성(2020), 앞의 글, 45쪽.

207 주디스 버틀러, 『비폭력의 힘』, 김정아 옮김, 문학동네, 2021.

208 전주희, 『중대재해 사고조사보고서의 사회적 의미: 조사와 수사의 이분법을 넘어』, 김용균재단 교육자료, 2021.7.

209 4.16 세월호 참사 특별조사위원회 안전사회소위원회, 『국내 해양재난사고와 대형재난사고의 원인 및 정부대책의 적정성 조사』, 2016.4.28. 25쪽.

210 1079호 전동차에 불이 붙고 3분여 뒤 맞은편에 1080호 전동차가 도착했다. 1080호 기관사는 종합사령실로부터 "중앙로역에 화재가 발생했으니 조심히 들어오라"는 지시를 받았다. '화재가 발생했으니 운행을 멈추고 대기하라'는 지침이 아니었다. 당시만 해도 승강장에서 승객들이 피운 담배로 휴지통에 불이 나는 경우가 종종 있었는데, 그 때문에 경각심이 낮아졌을까. 종합사령실에도 화재에 대한 정확한 정보는 전달되지 않았다. 1080호 기관사가 중앙로역에 진입했을 때는 이미 연기가 승강장을 가득 메우고 있었다. 전동차가 멈추고 전동차 문이 자동으로 열리자 연기가 전동차 안으로 빨려 들어왔다. 기관사는 급하게 다시 문을 닫고 중앙로역을 빠져나가려고 했다. 한 번, 두 번, 세 번 시도할 때마다 전동차 전원이 켜졌다 꺼지기를 반복했다. 마지막으로 1080호 기관사는 출입문을 개방하고 마스콘키를 빼 주변 승객과 함께 대피했다. 그러나 전동차 안에 더 많은 승객이 갇혀 있었고, 이미 불이 붙은 차량의 전원은 단전돼 출입문이 열리지 않았다. 그 결과 192명 사망자 중 1080호 전동차 안에서만 140명이 사망했다.

211 "장제원 '이임재 용산서장, 파출소 옥상서 아비규환 현장 구경'", YTN, 2022.11.7. https://www.ytn.co.kr/_ln/0101_202211071546194360 (최종 접속일: 2024.7.31.)

212 민주사회를위한변호사모임 · 참여연대, "'10 · 29 참사' 민주사회를위한 변호사모임 · 참여연대 공동 기자간담회: 국가책임과 피해자의 권리", 2022.11.8.

213 서길완, 「트라우마 이론의 폐단과 대안 서사 모색: 돈 드릴로의 「미래의 폐허에서」와 『떨어지는 남자』를 중심으로」, 『비평과이론』 제22권 제1호, 2017, 51~76쪽.

214 주디스 버틀러, 『위태로운 삶』, 윤조원 옮김, 필로소픽, 2018, 26~39쪽.

215 신진숙, 「재난서사의 문화적 구성: 후쿠시마와 밀양 사례를 중심으로」, 『문화와 사회』 18권, 2015, 533~579쪽.

216 버틀러(2018), 앞의 책, 29쪽.

217 "'대구 참사' 국민성금을 모읍시다", 경향신문, 2003.2.20. https://www.khan.co.kr/politics/politics-general/article/200302201832181 (최종 접속일: 2024.7.31.)

218 국가기록원, '인천화재사고 수습(2-1), 행정자치부 민방위재난통제본부 민방위방재국 재난관리과'.

219 "세월호 희생자 돕자는데…성금 모금 반대, 왜?", 한겨레, 2014.4.29. https://www.hani.co.kr/arti/society/society_general/635003.html (최종 접속일: 2024.7.31.)

220 "그는 "책임은 없는데 도의적으로 돈을 주는 '보상'과 책임이 있어 강제로 물어내야 하는 '배상'은 차원이 다르다"며 "청해진 해운 유병언 일가,

한국선급과 해운조합 등 안전관리사, 국가 등 책임 반드시 따져 철저히 '배상'하게 해야 한다. 사상 최고 배상"이라고 강조했다. 이어 "국가나 기관, 법인 등이 '배상'하게 되면 그 배상의 원인인 개인 위법자에게 '구상권'을 행사하게 된다. 책임 있는 당사자들이 물어내라는 것"이라며 "대통령부터 관제사까지 모든 책임공무원 책임만큼 구상하고, 국민 세금으로 모두 물어낼 수 없다"라고 전했다. 그는 또 사의를 표명한 정홍원 국무총리에 대해 "총리는 재난관리법상 중앙재난대책위원장, 사고 원인 못지않게 참사로 번진 '국가재난대책의 부실' 최고 책임자'고 언급했다. 그러면서 "사퇴가 아니라 수사 내지 조사받고 직무상 과실에 따른 치사상죄 등 법적 책임을 철저히 지고, 개인 배상 및 국가배상에 따라 구상해야 한다"고 덧붙였다." "표창원, "세월호 참사 성금 모금 반대한다"…이유는?", JTBC, 2014.4.28. https://news.jtbc.co.kr/article/article.aspx?news_id=NB10471556 (최종 접속일: 2024.7.31.)

221 한겨레, 앞의 기사, 2014.4.29.

222 "지자체 실무자들은 정부가 특별재난지역을 선포하더라도 정부 예산에 한계가 있는 만큼, 국민 애도 분위기 속 성금 모금을 검토하고 정부도 동참하는 분위기를 조성할 필요가 있다."(경찰청 내부 문건 중. 강조는 경찰청.) "참사 이틀 뒤 '시민단체 탐문'…세월호 언급하며 "정부 부담 요인 관심", SBS, 2022.11.1. https://news.sbs.co.kr/news/endPage.do?news_id=N1006954880&plink=ORI&cooper=NAVER&plink=COPYPASTE&cooper=SBSNEWSEND (최종 접속일: 2024.7.31.)

223 이에 대해서는 「애도를 위하여: 10·29 이태원 참사」(정원옥, 『문화과학』 113호, 2023)를 참조.

224 버틀러(2018), 앞의 책, 144~145쪽.

225 버틀러(2018), 앞의 책, 145쪽.

226 버틀러(2021), 앞의 책, 152쪽.

227 버틀러(2021), 앞의 책, 100쪽.

228 주디스 버틀러·아테나 아나타시오우, 『박탈』, 김응산 역, 자음과 모음, 2016, 189쪽.

6장

229 낸시 프레이저, 『지구화 시대의 정의』, 김원식 옮김, 그린비, 2010, 1장.

230 위의 책, 38~39쪽. 강조는 인용자.

231 이일, '잊혀진 제주 예멘 난민, 그들의 행방을 찾아서', 월간참여사회, 2019.11.28. https://www.peoplepower21.org/magazine/1671738 (최종 접속일: 2024.8.31.)

232 낸시 프레이저는 대표불능을 두 가지 차원으로 구분한다. 하나는 '일상적인 정치적 부정의'로, 이는 선거제도의 문제나 여성차별의 문제처럼 "사회의 정치적 구성에 뿌리박고 있는 불평등들"이다. 다른 하나는 '메타-정치적 부정의'로 '잘못 설정된 틀'의 문제이다. 이는 "정치적 공간을 제한된 정치공동체들로 분할함으로써 분배, 인정, 대표에 관한 일차적 질문들

의 틀을 잘못 설정하는 경우"로, "초국적인 부정의를 국가적인 문제로 만드는 경우"를 포함한다(위의 책, 20쪽). 예를 들어, 남반구 국가들의 빈곤은 해당 국가만의 문제가 아니다. 난민이나 이주노동자, 인종주의 등의 문제 역시 마찬가지다. 이러한 '지구화'된 문제들로 야기된 새로운 정의론에서 중요한 것은 '잘못 설정된 틀'의 문제다. 낸시 프레이저는 대표불능의 차원을 두 가지로 구분했으나, '잘못 설정된 틀'의 문제는 '일상적 정치적 부정의'의 차원에서도 발생할 수 있다. 왜냐하면, 일상적 정치적 부정의 역시 "정치공동체 내부에서 왜곡된 의사결정 규칙들이 이미 구성원으로 간주되고 있는 특정한 사람들의 정치적 발언권을 손상시켜 그들이 동등한 자격을 가지고 사회적 상호작용에 참여하지 못하게 만드는 경우에 발생"하기 때문이다. 따라서 프레이저가 제기하는 핵심은 정치공동체 내부의 부정의와 전통적인 국민국가의 범주를 벗어난 초국적인 수준의 부정의를 구분하고, 나아가 후자를 정의의 차원에서 중요하게 다루는 것이다. 이러한 이유로 본문에서는 '잘못 설정된 틀'의 문제를 보다 확대해석하여 적용하고자 한다.

233 위의 책, 20쪽.

234 낸시 프레이저, 「이성애 중심주의, 무시 그리고 자본주의」, 『불평등과 모욕을 넘어』, 케빈 올슨 엮음, 이현재 외 옮김, 그린비, 2016, 94쪽. 강조는 저자.

235 「왜 편견을 극복하는 것으로 충분하지 않은가」, 위의 책, 133쪽.

236 박승관, 「한국사회와 커뮤니케이션 엔도가미」, 『한국언론학보』 36호, 1996, 55쪽.

237 "李대통령 지지율 7.4%…'한자리 충격'", 프레시안, 2008.6.16. https://www.pressian.com/pages/articles/13627 (최종 접속일: 2024.8.31.)

238 미류, '존엄과 안전에 관한 4.16 인권선언을 만들자', 인권오름, 2014.12.10. https://www.sarangbang.or.kr/writing/1000 (최종 접속일: 2024.8.31.)

239 한상희, 「국가의 생명 및 안전보호 의무: 행정안전부장관 이상민의 탄핵심판사건과 관련하여」, 민주주의법학연구회 2024년 5월 정기학술대회 자료집, 5쪽.

240 이부하, 「위험사회에서 국민의 안전보호 의무를 지는 보장국가의 역할」, 『서울대학교법학』 56권 1호, 2015.3., 149쪽.

241 김정훈, 「헌법상 국민의 안전권 구현에 관한 연구: 재난 및 안전관리 법제를 중심으로」, 전남대학교 박사학위 논문, 2021, 3쪽.

242 정종섭, 『헌법학 원론 10판』, 박영사, 2015, 299쪽.

243 정재황, 「2014년 국회 헌법개정자문위원회 개헌안에 대한 검토」, 『세계헌법연구』, 23권 3호, 2017, 1~84쪽.

244 국회 헌법개정자문위원회, 『활동경과보고서 I』, 2014, 22쪽.

245 헌법재판소 2010.2.25. 선고 2008헌가23 형법 제41조 등 위헌제청 전원재판부 결정.

246 참여연대, 『20대 국회 전반기 활동평가 보고서』, 2018, 17쪽.

247 국회헌법개정특별위원회 자문위원회, 『국회헌법개정특별위원회 자문위원회 보고서』, 2018.1., 47쪽.

248 위의 자료, 48쪽.

249 위의 자료, 57쪽.

250 성문식, 「안선에 관한 기본권의 헌법상 근거와 위헌심사기준」, 『법과 정책 연구』7권 1호, 2007, 230쪽.

251 양천수, 「위험 · 재난 및 안전 개념에 대한 법이론적 고찰」, 『공법학연구』 16권 2호, 2015, 204쪽.

252 개헌안은 폐기됐지만 담아둬야할 '사람'의 권리, KBS, 2018.5.24. https://news.kbs.co.kr/news/pc/view/view.do?ncd=3654409&ref=A (최종 접속 일: 2024.8.31.)

253 중앙안전관리위원회, 『제4차 국가안전관리기본계획(2020~2024)』, 2019.

254 전주희, 「이태원참사 1년, 윤석열 정부 안전패러다임 비판」, 이태원참사 1 주기 학술대회, 2023.10.24.

255 "한총리, "이동의 자유 제한돼도 안전 최우선 할 것"", 매일경제, 2022.11.1. https://www.mk.co.kr/news/politics/10513123 (최종 접속 일: 2024.8.31.)

256 유해정, 「재난과 인권」, 『대한민국 인권 근현대사-4 인권운동사』, 국가인 권위원회, 2019, 528쪽.

257 김혜진, 「세월호 담론 검토」, "존엄과 안전에 관한 4.16인권선언 토론회", 2016.5.28.

258 정정훈 4.16 인권선언 성안팀장 인터뷰.

259 정정훈 4.16 인권선언 성안팀장 인터뷰.

260 정정훈, 「4.16 인권 선언, 사건화와 주체화의 장치」, 『세월호 이후의 사회 과학』, 그린비, 2016, 331쪽.

261 주디스 버틀러 · 아테나 아타나시오우, 『박탈』, 김응산 옮김, 자음과모음, 2016, 74쪽.

참고문헌

1장

다르도, P., 라발, C., 소베트르, P., & 게강, H. (2024). 『내전, 대중 혐오, 법
　　치』. 원더박스.
데리다, J. (2004). 『법의 힘』. 문학과지성사.
로크, J. (1996). 『통치론』. 까치.
민병원. (2020). 「재난의 정치학: 리스본 대지진과 근대국가에 대한 21세기적 성
　　찰」. 『평화연구』 28(2).
바우만, Z. (2008). 『쓰레기가 되는 삶들』. 새물결.
버틀러, J. (2020). 『연대하는 신체들과 거리의 정치』. 창비.
버틀러, J. (2023). 『지금은 대체 어떤 세계인가』. 창비.
벤야민, W. (2008). 『역사의 개념에 대하여/폭력비판을 위하여/초현실주의 외』.
　　도서출판 길.
밀, J.S. (2008). 『자유론』. 책세상.
사토, Y. (2014). 『신자유주의와 권력』. 후마니타스.
송태현. (2016). 「'리스본 대지진'을 둘러싼 볼테르와 루소의 지적 대결과 근대지
　　식의 형성」. 『비교문학』 70.
아감벤, G. (2009). 『예외상태』. 새물결.
테일러, C. (2010). 『근대의 사회적 상상』. 이음.
최규진. (2023). 「재난 불평등과 건강: 코로나19 팬데믹을 되짚어보며」. 『월간 복
　　지동향』. 참여연대.
푸코, M. (2011). 『안전, 영토, 인구』. 난장.
푸코, M. (2015). 『사회를 보호해야 한다』. 난장.
프레이저, N. (2023). 『좌파의 길』. 서해문집.

2장

강병호. (2010). 「악셀 호네트: 인정투쟁, 사회적 갈등의 도덕적 구조와 논리」.
　　『현대 정치철학의 모험』. 난장.
문성훈. (2012). 「호네트. 병리적 사회 극복을 위한 인정투쟁」. 『프랑크푸르트학
　　파의 테제들』. 사월의책.
박상은. (2023). 「재난의 사회적 원인과 의미 구성: 10·29 이태원 참사를 사례
　　로」. 『경제와사회』 138.
백선우. (2014). 「호네트 대 프레이저, 그리고 정치경제학 비판」. 명지대학교 석
　　사논문.
이선영. (201)1. 「대형재난사고 유가족의 생활경험 연구」. 『한국사회복지교육』 15.
이한태&전우석. (2015). 「한국 헌법상 기본권으로서의 안전권에 관한 연구」. 『홍
　　익법학』 16(4).
장성빈. (2024). 「악셀 호네트의 인정이론에서 사랑의 상호성」. 『사회와 철학』 47.

전주희. (2021). 「응답에서 책임으로: 유가족 운동의 역사적 · 사회적 의미」. 이
소선 10주기 토론회 "내가 너의 뜻을 이룰게" 발표문.

전주희. (2022). 「2.18 대구지하철 참사에서 나타난 주체화 양상」. 성공회대학교
민주자료관 2022년 1차 학술대회 "국가폭력, 재난, 전쟁".

전지열, 신지영, 최준섭, 김정한, 이동훈. (2019). 「세월호 재난으로 자녀를 잃은
부모의 애도 과정에 대한 근거이론 연구」. 『한국심리학회지: 상담 및 심리
치료』 31(1).

정원옥. (2015). 「재난과 정동의 정치학: 사회적 고통에서 사회적 애도로」. 한국
연구재단.

낸시 프레이저&악셀 호네트. (2014). 『분배냐 인정이냐』. 사월의책.

헤겔, G.W.F. (2012). 『예나 체계기획 Ⅲ』. 아카넷.

호네트, A. (2011). 『인정투쟁』. 사월의책.

호네트, A. (2017). 『비규정성의 고통』. 그린비.

헌법재판소 2023.7.25. 선고 2023헌나1 행정안전부장관(이상민) 탄핵 사건 전원
재판부 결정

3장

김명희. (2014). 「외상의 사회적 구성: 한국전쟁 유가족들의 '가족 트라우마'와
'복합적 과거청산'」. 『사회와역사』 101.

김명희. (2015a). 「고통의 의료화: 세월호 트라우마 담론에 대한 실재론적 검토」.
『보건과사회과학』 38.

김명희. (2015b). 「세월호 이후의 치유: 제프리 알렉산더의 '외상 과정' 논의를
중심으로」. 『문화와사회』 19.

김명희. (2019). 「재난의 감정정치와 추모의 사회학: 감정의 의료화를 넘어 사회
적 치유로」. 『감성연구』 19.

김명희. (2021). 「5.18 집단트라우마 연구방법론과 새로운 진단기준: 과거청산
의 과학사회학을 향하여」. 『경제와사회』 130.

김종곤. (2014). 「세월호 트라우마와 죽은 자와의 연대」. 『진보평론』 61.

알렉산더, J. C. (2007/2003). 『사회적 삶의 의미』. 한울아카데미.

정원옥. (2015). 「4.16 이후 안산 지역의 촛불행동: 애도와 민주주의」. 『역사비
평』 110.

진영은&김명희. (2020). 「5.18 트라우마와 사회적 치유: 광주트라우마센터 사례
를 중심으로」. 『시민과세계』 37.

박명림. (2015). 「세월호 정치'의 표층과 심부: 인간, 사회, 제도"」. 역사비평
110.

이철. (2010). 「사회적 외상(Social Trauma)의 문화적 차원에 대한 문화사회학적
연구: '용산 참사' 사건을 중심으로」. 『신학사상』 149.

채정호, 이소희, 노진원. (2021). 『대한민국 재난 충격 회복을 위한 연구−재난
코호트 구축과 실제 자료』. 씨드북스.

허먼, J. L. (2009). 『트라우마: 가정폭력에서 정치적 테러까지』. 열린책들.

Alexander, J. C. (2004). Cultural pragmatics: Social performance between ritual and strategy. *Sociological theory*. 22(4).

Alexander, J. C., Eyerman, R., Giesen, B., Smelser, N. J., & Sztompka, P. (2004). *Cultural trauma and collective identity*. Univ of California Press.

Bourdieu, P. (1999). *The Weight of the World: Social Suffering in Contemporary Society*. Polity.

Choi, S. E. (2020). "Pied−Noir Trauma and Identity in Postcolonial France, 1962 – 2010". in R. Eyerman and G. Sciortino (eds) 2020. *The Cultural Trauma of Decolonization*. New York: Palgrave.

Eyerman, R., Madigan, T., & Ring, M. (2017). "Cultural trauma, collective memory and the Vietnam War". *Političčka misao: ččasopis za politologiju*. 54(1−2).

Eyerman, R&Sciortino, G(eds), (2020), *The Cultural Trauma of Decolonization: Colonial Returnees in the National Imagination*, Palgrave Macmillan.

Halbwachs, M. (2020/1980). *On collective memory*. University of Chicago press.

Hirschberger, G. (2018). "Collective trauma and the social construction of meaning". *Frontiers in psychology*, 9, 1441.

Huyssen, A. (2003). *Present pasts: Urban palimpsests and the politics of memory*. Stanford University Press.

Kennedy, R. (2020). "Trauma and cultural memory studies," *The Routledge Companion to Literature and Trauma*. Routledge. pp.54−65.

Kim, M. H. (2017) "Dilemma of Historical Reflection in East Asia and the Issue of Japanese Military "Comfort Women": Continuing Colonialism and Politics of Denial". *S/N Korean Humanities*. 3(1).

Madigan, T. (2020). "Theories of cultural trauma," *The Routledge companion to literature and Trauma*. Routledge. pp.45−53.

Renault, E. (2009). "The political philosophy of social suffering," *New waves in political philosophy*. Palgrave Macmillan. pp.158−176.

Renault, E. (2010). "A critical theory of social suffering," *Critical Horizons*, 11(2), pp.221−241.

Smelser, N. J. (1962/1972). *Theory of Collective Behavior*. The Free Press of Glencoe.

Smelser, N. J. (2004). "Psychological trauma and cultural trauma," Alexander(eds), *Cultural trauma and collective identity*, University of California Press. pp.31−59.

Smelser, N. J. (2011). *Theory of collective behavior*. Quid Pro Books.

Sztompka, P. (2004). "The trauma of social change", Alexander(eds), *Cultural trauma and collective identity*, University of California Press. pp.155−197.

Thompson, K. (1998). *Moral panics*. Psychology Press.

4장

10.29 이태원 참사 시민대책회의. (2023). 「법률 위반과 관련된 탄핵 의견서」.

10.29 이태원 참사 시민대책회의. (2023). 「생명권과 관련된 탄핵 의견서」.

10.29 이태원 참사 시민대책회의. (2023). 「유가족 협의회의 탄핵 의견서」.

김성진. (2017). 「국가의 국민 안전보장의무: 유럽인권재판소의 사례를 중심으로」. 『강원법학』 52.

김현숙. (2024). 「규명, 책임, 한계: 와우아파트붕괴사고부터 이태원참사까지」. "민주주의법학연구회 2024년 봄 정기 학술대회: 한국사회의 안전과 법".

데이비스, M. (2022). 「데리다와 법: 적법한 허구들」.

미류. (2023). 「10·29 이태원 참사와 책임 규명의 정치」. 『문화과학』 113.

박상은. (2022). 「재난과 책임: 세월호 참사의 국가폭력 프레임에 대한 비판적 평가」. "성공회대학교 학술대회: 국가폭력, 재난, 전쟁: 재난과 폭력에 관한 인문학적 성찰".

박상은. (2023). 「재난의 사회적 원인과 의미 구성」. 『경제와사회』 138.

버틀러, J. (2013). 『윤리적 폭력 비판: 자기 자신을 설명하기』. 인간사랑.

버틀러, J. (2020). 『비폭력의 힘』. 문학동네.

영, I. M. (2018). 『정의를 위한 정치적 책임』. 이화여자대학교출판문화원.

이민열&최규환. (2023). 『헌법의 기초』. 한국방송통신대학교출판문화원.

이재승. (2010). 『국가범죄』. 앨피.

전주희. (2023). 「10·29 이태원. 국가주의적 재난서사와 대항적 재난서사」. 『문화과학』 113.

정원옥. (2023). 「애도를 위하여: 10.29 이태원 참사」. 『문화과학』 113호.

한상희. (2024). 「국가의 생명 및 안전보호 의무– 행정안전부 장관 이상민의 탄핵심판사건과 관련하여」. "민주주의법학연구회 2024년 봄 정기 학술대회: 한국사회의 안전과 법".

헌법재판소 1996.11.28. 선고 95헌바1 형법 제250조 등 위헌소원 전원재판부 결정.

헌법재판소 2017.3.10. 선고 2016헌나1 대통령(박근혜) 탄핵 사건 전원재판부 결정.

헌법재판소 2023.7.25. 선고 2023헌나1 행정안전부장관(이상민) 탄핵 사건 전원재판부 결정.

Derrida, J. (1995). *The Gift of Death*. University of Chicago Press.

5장

4.16 세월호 참사 특별조사위원회 안전사회소위원회. (2016). 『국내 해양재난사고와 대형재난사고의 원인 및 정부대책의 적정성 조사』.

박인성. (2020). 「한·미·일 재난 서사의 마스터플롯 비교 연구」. 『대중서사연구』 26(2).

서길완. (2017). 「트라우마 이론의 폐단과 대안 서사 모색: 돈 드릴로의 「미래의 폐허에서」와 『떨어지는 남자』를 중심으로」. 『비평과이론』 22(1).

채트먼, S. (2019). 『이야기와 담화』. 호모루덴스.

신진숙. (2015). 「재난서사의 문화적 구성: 후쿠시마와 밀양 사례를 중심으로」. 『문화와 사회』 18.

신현선. (2020). 「3 · 11 동일본 재난 서사의 흐름과 성격 고찰」. 『동북아문화연구』 62.

전주희. (2021). 『중대재해 사고조사보고서의 사회적 의미: 조사와 수사의 이분법을 넘어』. 김용균재단 교육자료.

정원옥. (2023). 「애도를 위하여: 10 · 29 이태원 참사」. 『문화과학』 113.

버틀러, J. (2016). 『주디스 버틀러, 지상에서 함께 산다는 것』. 시대의창.

버틀러, J. (2018). 『위태로운 삶』. 필로소픽.

버틀러, J. (2021). 『비폭력의 힘』. 문학동네.

버틀러, J.&아타나시오우, A. (2016). 『박탈』. 자음과모음.

한순미. (2020). 「재난과 교차하는 서사: 역사 기록 속 재난 읽기의 방법」. 『인문연구』 90.

6장

국회 헌법개정자문위원회. (2014). 『활동경과보고서 I 』.

국회헌법개정특별위원회 자문위원회. (2018). 『국회헌법개정특별위원회 자문위원회 보고서』.

김정훈. (2021). 「헌법상 국민의 안전권 구현에 관한 연구: 재난 및 안전관리 법제를 중심으로」. 전남대학교 박사학위 논문.

김혜진. (2016). 「세월호 담론 검토」. "존엄과 안전에 관한 4.16인권선언 토론회".

데리다. J. (2004). 「독립 선언들」. 『법의 힘』. 문학과지성사.

박승관. (1996). 「한국사회와 커뮤니케이션 엔도가미」. 『한국언론학보』 36.

버틀러, J.&아타나시오우, A. (2016). 『박탈』. 자음과모음.

양천수. (2015). 「위험 · 재난 및 안전 개념에 대한 법이론적 고찰」. 『공법학연구』 16(2).

유해정. (2019). 「재난과 인권」. 『대한민국 인권 근현대사— 4 인권운동사』. 국가인권위원회.

이부하. (2015). 「위험사회에서 국민의 안전보호 의무를 지는 보장국가의 역할」. 『서울대학교법학』 56(1).

전주희. (2023). 「이태원참사 1년, 윤석열 정부 안전패러다임 비판」. "이태원참사 1주기 학술대회".

정문식. (2007). 「안전에 관한 기본권의 헌법상 근거와 위헌심사기준」. 『법과 정책연구』 7(1).

정재황. (2017). 「2014년 국회 헌법개정자문위원회 개헌안에 대한 검토」. 『세계헌법연구』 23(3).

정정훈. (2016). 「4.16 인권 선언, 사건화와 주체화의 장치」. 『세월호 이후의 사회과학』. 그린비.

정종섭. (2015). 『헌법학 원론 10판』. 박영사.

중앙안전관리위원회. (2019). 『제4차 국가안전관리기본계획(2020~2024)』.

참여연대. (2018).『20대 국회 전반기 활동평가 보고서』.

프레이저, N. (2010).『지구화 시대의 정의』. 그린비.

프레이저, N. (2016).『불평등과 모욕을 넘어』. 그린비.

한상희. (2024).「국가의 생명 및 안전보호 의무: 행정안전부장관 이상민의 탄핵
    심판사건과 관련하여」. 민주주의법학연구회 2024년 5월 정기학술대회 자
    료집.

헌법재판소 2010.2.25. 선고 2008헌가23 형법 제41조 등 위헌제청 전원재판부
    결정.

재난 이후, 사회

2024년 10월 29일 초판 1쇄 발행

기획   서교인문사회연구실
지은이   김현준, 백선우, 전주희, 정정훈, 조지훈
편집   최인희, 조정민
디자인   이경란
인쇄   도담프린팅
종이   페이퍼프라이스

펴낸곳   나름북스
등록   2010.3.16. 제2014-000024호
주소   서울시 마포구 월드컵로15길 67, 2층
전화   (02)6083-8395
팩스   (02)323-8395
이메일   narumbooks@gmail.com
홈페이지   www.narumbooks.com
페이스북   www.facebook.com/narumbooks7

ISBN   979-11-86036-81-5 93300

책값은 뒤표지에 있습니다.